Motorrad Wochenenden
in den Alpen

Heinz E. Studt

Die schönsten
Pässe, Kurven und
Biker-Hotels

INHALTSVERZEICHNIS

Vorwort   5
Genussfahren am Wochenende

Tour 1 Allgäu   6
Allgäuer Alpen und Bregenzer Wald

Tour 2 Allgäu   12
Die westliche Deutsche Alpenstraße

Tour 3 Tölzer Land & Karwendel   20
Tölzer Land mit »Deutscher Alpenstraße«

Tour 4 Tegernsee & Berchtesgadener Land   28
Tegernseer Tal und Berchtesgadener Land

Tour 5 Vorarlberg & Tirol   36
Vorarlberger Pässe und Panoramen

Tour 6 Tirol   42
Altbekanntes neu entdeckt

Tour 7 Osttirol   48
Der Großglockner – Pflicht und Kür zugleich

Tour 8 Osttirol & Dolomiten   56
Osttirol fernab aller Hektik

Tour 9 Dolomiten   62
Der Dolomiten-Achter – Teil 1

Tour 10 Dolomiten   68
Der Dolomiten-Achter – Teil 2

Tour 11 Trentino-Südtirol   74
Berge, Seen und Kurven satt

Tour 12 Trentino-Gardasee   80
Wie daheim beim Italiener

Tour 13 Engadin   86
Anspruchsvoller geht's nimmer

Tour 14 Engadin & Graubünden   92
Und noch einmal richtig hoch hinaus!

Tour 15 Wallis & Berner Oberland   98
Das Motorrad-Paradies Wallis

Tour 16 Wallis   106
Das kurvenreiche Herz des Wallis

Tour 17 Wallis & Haute-Savoie   112
Die Hoch-Savoyen einmal intensiv

Tour 18 Haute-Savoie & Mont-Blanc-Region   118
Rund um den höchsten Berg Europas

Tour 19 Seealpen Nordteil   126
Die Route des Grandes Alpes – Teil 1

Tour 20 Seealpen & Haute-Provence   132
Die Route des Grandes Alpes – Teil 2

Anhang   138
Auslandsinformationen   138
20 Touren im Überblick   140
Register   142
Impressum   144

VORWORT

Genussfahren am Wochenende

Als im Frühjahr 2009 mein zehntes Buch in diesem Verlag erschien, war ich höchst gespannt auf die Reaktionen. Die schönsten Motorradtouren für Langschläfer hatte ich darin zusammengestellt, handverlesene Halbtagestouren, speziell konzipiert für den gemütlichen Sonntagnachmittag oder die genüssliche Feierabendrunde. Ich fragte mich, ob derartige Kombinationen aus Motorradfahren, Genuss und Gemütlichkeit tatsächlich ankommen würden. Oder ob Sie, meine Leser, lieber tagesfüllende, mehrere 100 Kilometer umfassende, ja möglichst pinkelpausenfreie Schräglagenorgien präferieren würde. Nun, die Resonanz auf mein »Langschläfer-Buch« war schlichtweg überwältigend.

Seitdem waren meine beste Sozia und ich viel unterwegs. Natürlich vor allem auch in den Alpen und – jawohl, ich gebe es zu – wir waren ganz bewusst gemütlich unterwegs. Nicht mit 12 bis 14 Stunden Kurvenhatz, komplett verspanntem Rücken und allabendlich steifen »Gräten«, sondern sorgfältig geplant als schräglagenreicher Ganzkörper-Genuss. Und eines Abends im Garten unserer Lieblingspension im Herzen der Dolomiten kam mir die Idee, die Themen »Alpen« und »Motorrad« einmal ganz neu zu kombinieren – ganz speziell für den bikenden Genussmenschen.

Et voilà: Vor Ihnen liegen die 20 schönsten und abwechslungsreichsten Wochenendtrips in den Alpen. Frisch zusammengestellt führen sie von den deutschen Voralpen über das prächtige Österreich mitten hinein in das Herz der legendären Dolomiten, pendeln weiter über die herrliche Schweiz und nicht minder gemütlich in den französischen Seealpen aus. Alle hier präsentierten Vorschläge sind fahrfertige 1-Tages-Genusstouren stets ausgehend von einer von uns »höchstpersönlich« für gut befundenen Unterkunft. Sie führen gepäckbefreit zu den schönsten Plätzen im Alpenraum, zu den höchsten Pässen, durch die lieblichsten Täler und spannendsten Geschichten. Und unsere stets mit dem eigenen Gaumen geprüften Einkehrtipps zu rechter Zeit komplettieren den Genuss für alle fünf Sinne. Denn wie sagte schon der alte Goethe: »Man reist ja nicht, um anzukommen, sondern um zu reisen.« In diesem speziellen Sinne: Auf geht's!

Heinz Studt,
im Frühjahr 2010

Vorhergehende Seite: Perle des Berchtesgadener Landes: Der Malerwinkel am Hintersee.

Sonntag – genau der richtige Ort für eine Wochenendtour.

Start in die Gemütlichkeit: Das Allgäu begeistert vom ersten Kilometer an.

TOUR 1 ALLGÄU

Allgäuer Alpen & Bregenzer Wald

Gleich zu Beginn geht es gemütlich durch die Allgäuer Alpen und den Bregenzerwald fernab von Hektik und Verkehr.

Fernab jeglicher Hektik: Die Landstraßen des Allgäu locken den Entdecker in uns.

Das Allgäu ist eine der schönsten landschaftlichen und touristischen Perlen Deutschlands, im Süden eingefasst von den mächtigen Nordrändern der Alpen. Doch vor allem in der Hektik unserer Tage ist man versucht, diese an Hügeln und Seen ja so mäch- tig abwechslungsreiche Landschaft via Autobahn rasch zu durchqueren, sie links liegen zu lassen. Das aber wäre ein grober Fehler, wie ich Ihnen auf den beiden folgenden Touren beweisen werde. Folgen Sie mir zum Einstieg in dieses Buch in das Land der Optimisten.

Schon winkt der erste Pass

Sonthofen ist ein prächtiger, weil höchst gemütlicher Standort für diese Tagestour. Weit über 1000 Jahre hat das Städtchen bereits auf dem Buckel, doch das sieht man ihm beim abendlichen Flanieren in der quirligen Fußgängerzone kaum an. Richtung Osten führt unsere erste Tour aus Sonthofen hinaus nach Bad Hindelang. Und schon liegt er vor uns: unser erster waschechter Pass. Die Südwestrampe hinauf zum Oberjoch darf in Teilbereichen durchaus als fahrerisch anspruchsvoll bezeichnet werden, führt sie doch über neun enge und teilweise unübersichtliche Spitzkehren durch lichten Mischwald. Gleich hinter der Ortsgrenze von Bad Hindelang geht es sozusagen ab in die fünf Kilometer andauernde Schräglage.

Vor allem in der Sommersaison sind wir Motorradfahrer von Freitagnachmittag bis Sonntagabend auf dieser Strecke in der absoluten Überzahl und können am großen Parkplatz unterhalb des Luftkurortes Oberjoch mit Blick auf die letzten Applauskurven nahezu pausenlos die Kurventechnik der Kollegen benoten. Und falls einmal gerade kein Auspuffdröhnen Ihre Aufmerksamkeit erregt, genießen Sie doch einfach die Ausblicke auf die herrlichen Allgäuer Alpen.

In Oberjoch selbst versuchen zahlreiche Gaststätten und Restaurants, den Biker vom rechten Weg abzubringen, wir allerdings zweigen rechts ab, denn das eigentliche Joch liegt ja noch unbezwungen vor uns. Kurz vor der österreichischen Grenze passieren wir den ungekennzeichneten Oberjochpass mit seinen 1150 Höhenmetern. Anschließend geht es über Schattwald hinunter nach Tannheim,

TOUR-CHECK

Land und Region: Süddeutschland, Allgäuer Alpen und Österreich, Bregenzer Wald
Empfohlener Tourenstandort: Sonthofen
Länge: 210 km
Schwierigkeit: leicht
Höchster Punkt: 1672 m
Beste Reisezeit: Mitte April - Ende Oktober

ALLGÄU

wo wir nicht nur unser Benzinfass günstig randvoll füllen, sondern auch die herrliche Bergwelt des gleichnamigen Tales genießen können. Sowohl mit Wanderschuhen oder vielleicht auch einmal mit einem Tandem-Gleitschirmflug – eine höchst aufregende Art, die Welt zu erkunden. (Infos unter www.tannheimertal.at oder www.flugschule-tannheimertal.at).

Über Haldensee und Nesselwängle pendeln wir hinunter ins herrliche Lechtal nach Weißenbach und weiter nach Elbigenalp. Übrigens die Heimat der berühmten Geierwally, einer jungen Bäuerin, die von ihrem tyrannischen Vater gegen ihren Willen verheiratet werden soll, aus Verzweiflung aber gemeinsam mit einem jungen Adler in die Berge flieht und dort allein auf sich gestellt ein Leben als Almbäuerin führt. Mit Happy End? Nun, auf der Geierwally-Freilichtbühne von Elbigenalp, dem Geburtsort des resoluten Mädchens, kann man diese und andere spannende Geschichten alljährlich hautnah erleben (Infos unter www.geierwally.lechtal.at).

Fest in Bikerhand

Fahrerisch können wir uns Geierwallys Welt ebenfalls nähern – auf einem empfehlenswerten Sackgassen-Abstecher nach Kaisers unterhalb der Wetterspitze. Gleich hinter Hägerau geht es links ab. Prächtiger Kurvenschwung inmitten sattgrüner Bergbauernlandschaften erwartet uns, nur der plötzliche Talschluss nach viel zu wenigen Kilometern zwingt zum Wendemanöver. Auch der nun folgende Hochtannbergpass ist an vielen Sommertagen fest in Bikerhand, mit 1676 Höhenmetern nicht unbedingt spektakulär, aber fahrerisch gemütlich, ja richtig nett. Und spektakuläre Pässe gibt es im weiteren Verlauf dieses Buches noch zuhauf. Versprochen!

Schwungvoll geht es sodann hinunter in das Tal der Bregenzer Ache, hinein in den Bregenzer Wald.

Alles Käse hier?

Bevor wir uns daraufhin in der ganzjährig quirligen Lebendigkeit des Bodenseeufers verlieren – Dornbirn liegt bereits zum Greifen nahe am Horizont –, lassen Sie uns bei Schnepfau den Blinker rechts setzen und Richtung Bizau und Bezau in die Idylle des Bregenzer Waldes abtauchen. Mächtig viel Wald verstellt uns zwar immer wieder den weit schweifenden Blick auf den letzten Pass des ersten Tages. Doch gleich hinter Hittisau mit seinem sehenswerten Sennereimuseum geht es über Teile der Käsestraße Richtung Balderschwang und Riedbergpass.

Apropos Käse: Neben Brot und Wein ist es ja vor allem der Käse, der die Esskultur der Menschheit über Jahrtausende hinweg beeinflusst hat. Schon 10 000 Jahre vor unserer Zeitrechnung entdeckte der Mensch den Käse. Allerdings nur durch einen Zufall, denn die in Tontöpfen aufbewahrte frische Milch veränderte sich nach ein paar Tagen, sie wurde sauer, später auch dick. Damals bereits existierende Milchsäurebakterien hatten in grauer Vorzeit den wohl ersten Sauermilchkäse der Welt entstehen lassen. Ganz so steinalt mag die Käsetradition des Bregenzer Waldes noch nicht sein, dennoch: Diese Region besitzt die am besten erhaltene Alp- und Talsennerei-

Ab in die Berge: Bereits im Lechtal warten sie auf uns.

Echt gesund hier: Das Heilklima von Oberjoch ist berühmt.

EINKEHRTIPP IN AU IM BREGENZER WALD

Das Restaurant-Hotel **Tannahof** von Juliane und Guy Moosbrugger-Jourdain, ein österreichisch-französisches »Gastronomieprojekt« der richtig leckeren und völlig entspannenden Art. Argenstein 331, A-6883 Au, Tel.: +43 (0) 5515/22 10, www.tannahof.at

TOUR 1

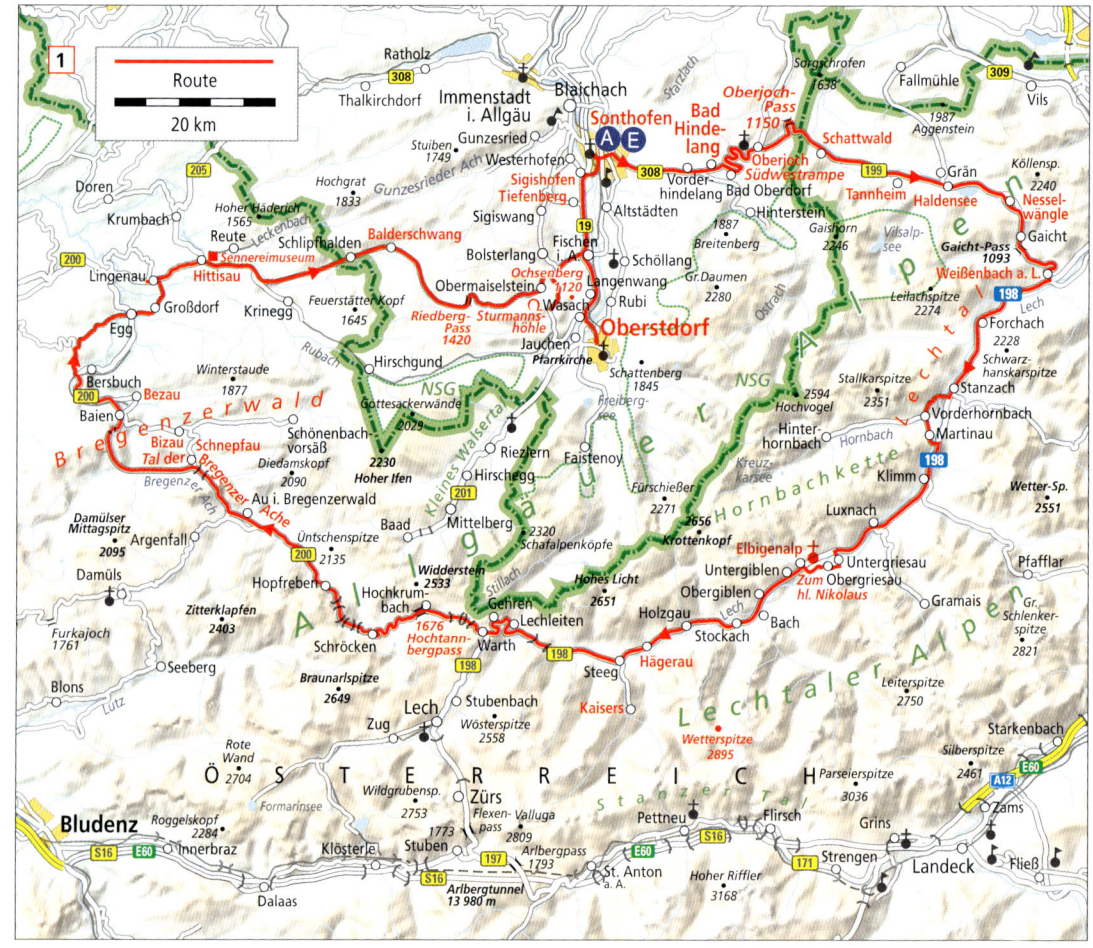

Struktur Österreichs. Gut 20 Talsennereien und weit über 100 Melkalpen von 1300 bäuerlichen Betrieben erzeugen mit ihren Kühen jährlich über 45 Millionen Liter Milch, welche zu rund 4500 Tonnen Käse verarbeitet werden, davon ca. 2500 Tonnen Emmentaler sowie 1600 Tonnen Alp- und Bergkäse. Der Rest wird zu Frisch-, Weich- und Schimmelkäse in allen Variationen verarbeitet. Die ausgeschilderte »Käsestraße« im Bregenzer Wald ist ein Zusammenschluss von Bauern, Wirten, Handwerkern und Handelsbetrieben, die ganz bewusst sowohl Landschaft als auch heimische Produkte zu erhalten versuchen – und dazu das »Erlebnis Käse« anschaulich präsentieren. (Alle Infos unter www.kaesestrasse.at)

Statistiker streiten sich seit jeher darüber, ob nun wohl der Riedberg der höchste Pass Deutschlands sei oder diese Ehre vielmehr der kurvenreichen Rossfeld-Panoramastraße im schönen Berchtesgadener Land gebühre, der wir uns auf Tour 4 noch intensiv widmen werden. Letztere ist mit 1540 Höhenmeter zwar noch 120 Meter höher als der Riedberg, dafür aber kein echter Pass. Die einzigen echten Kurven und Kehren des Riedbergpasses finden sich direkt am Scheitelpunkt der Strecke bei den wenigen Häusern von Grasgehren und der auch bei Bikern beliebten Einkehr auf der Grasgehren-Hütte (www.grasgehren.de). Apropos beliebt: Der Riedbergpass ist aufgrund seiner mühelosen Befahrbarkeit und landschaftlichen Schönheit unter Motorradfahrern sehr beliebt. Da es durch Unbedacht und Raserei immer wieder zu schweren Unfällen auf der an sich harmlosen Strecke kommt,

ALLGÄU

kontrolliert die Polizei vermehrt an Wochenenden. Halten wir uns einfach an die Beschränkungen und genießen die Fahrt weiter hinunter nach Oberstdorf – übrigens mit 230 km² immerhin die drittgrößte Gemeinde Bayerns. Doch keine Angst: In Oberstdorf geht es ebenso gemütlich zu wie im restlichen Allgäu.

Lust auf eine Portion Unterwelt?

»Seid Ihr bereit, Euch in ein Gefilde zu wagen, das lange vor Menschengedenken schon das Reich der Wilden Fräulein war? Ihr sollt uns willkommen sein, wenn Ihr mehr über uns, ›Stuzze Muzz‹, ›Tschudre Mudre‹, ›Maringga‹ und ›Ringgede Bingge‹, erfahren wollt. Dann tretet vollen Mutes und neugierig ein.« So beginnen die Geschichten der Sturmannshöhle bei Obermaiselstein, der einzigen begehbaren Schauhöhle im Allgäu und damit zweifelsohne Pflichttermin für alle »Unterweltler«. Sie liegt einen Katzensprung nordwestlich von Oberstdorf auf 980 m Höhe, zu Füßen des Ochsenberges in einer von Bergwassern ausgewaschenen Felsenkluft. Folgen Sie den mystischen Geschichten und Erzählungen auf fast 200 Stufen gut 300 Meter tief in die faszinierende Welt der Urzeit. 120 Millionen Jahre alte Gesteinsformationen begleiten Sie auf dem

Gemütlich oder forsch: Das Allgäu bietet fahrerisch für jeden etwas.

Weg zum »Drachentor«. Doch keine Angst, die Sturmannshöhle ist leicht und gefahrlos mit festem Schuhwerk zu begehen. Alle Infos sowie die Termine für geführte Besichtigungen gibt es im Obermaiselsteiner »Haus des Gastes« oder auch im Internet unter www.obermaiselstein.de.

Über Tiefenberg und Sigishofen erreichen wir zu guter Letzt wieder unseren morgendlichen Ausgangspunkt in Sonthofen. Wer die nun folgende Tour 2 mit einem geruhsamen Frühstück an Lindaus prächtigem historischem Hafen beginnen möchte, der sollte noch an diesem Abend die gut 60 Kilometer Anreise absolvieren und zum Beispiel in unserem dortigen Übernachtungstipp den Tourentag ausklingen lassen.

TOUR 1 IM ÜBERBLICK

Allgemeines
Seen und Hügel, aussichtsreiche Pässe und erlebenswerte Städte prägen das Allgäuer Herz. Gen Westen senkt sich die Landschaft hin zu den Weiten des Bodensees, gen Süden und Osten wachsen bereits die Felsen der Nordalpen in den oftmals blauen Himmel. Und im Norden schweift unser Blick über weite Ebenen, Dörfer und Städte fernab des Massentourismus, geprägt von einer herrlich erholsamen Ruhe.

Aufgepasst
Sowohl der Oberjoch- als auch der Riedbergpass sind nicht nur beliebt bei Bikern, sondern auch bei mobilen Radarkontrollen einheimischer Ordnungshüter, die das Argument »notorische Raserei« gerne zum Anlass für ausgedehnte Kontrollen nehmen. Also einfach beide Pässe ganz gemütlich und stressfrei auf der Ideallinie erobern.

Mein Übernachtungs-Tipp in Sonfhofen
Gasthof Löwen *mit gutbürgerlicher Küche und schönen Zimmern gleich am Rande der Fußgängerzone*
Hindelanger Str. 1, 87527 Sonthofen
Tel.: 08321/24 90
info@loewen-sonthofen.de
www.loewen-sonthofen.de

Kartenmaterial
Motorrad Powerkarten »Süddeutschland und Österreich« Blatt 5 + 6, laminierte Tourenkarten im Maßstab 1:250.000,
ISBN 978-3-937418-22-3

Im Internet
www.allgaeu.info, www.bregenzerwald.at
www.tannheimertal.at, www.kaesestrasse.at
www.grasgehren.de

In Märchenkönigs Reich: Der Forggensee vor den Toren Füssens.

TOUR 2 ALLGÄU

Die westliche Deutsche Alpenstraße

Der Westteil der Deutschen Alpenstraße – keine Rundtour, aber eine durchweg runde Sache. Und ein Klassiker unter den Ferienstraßen.

Natur pur: Gerade im Frühling begeistern die Lechauen mit bunter Pracht.

Diesen ersten Abschnitt der berühmten »Deutschen Alpenstraße« – übrigens der ältesten Ferienstraße unserer Republik – sollten Sie mit einem ausgiebigen Frühstück an der prächtigen Hafenpromenade von Lindau einläuten. Wenn die Morgensonne gemächlich über die angrenzende Alpenkette klettert und den mächtigen bayerischen Löwen gleich neben dem Leuchtturm an der Hafenmole im neuen Glanz erstrahlen lässt. Entlang der Mole liegen herrliche Cafés mit Blick auf den historischen Kern der wohl schönsten Stadt am Bodensee. Da schmecken Kaffee, frische Semmeln und Marmelade noch leckerer …

Doch dann lassen Sie uns aufbrechen Richtung Osten. Bevor wir uns nun aber der »Deutschen Alpenstraße« – oder hier auch B 308 – widmen, empfehle ich einen Abstecher über Hörbranz und Scheidegg. Nicht nur, um das Benzinfass gegebenenfalls auf österreichischem Hoheitsgebiet günstiger zu füllen, sondern auch, um dem Schwerlast- und Lieferverkehr rund um die Autobahnzufahrt auf deutscher Seite zu entgehen. Auf der völlig zu Recht als »landschaftlich wertvolle« Piste ausgewiesenen Strecke schwingen wir nach Lindenberg im Allgäu und damit direkt in unser Thema.

Welch eine irre Geschichte

Kennen Sie eigentlich Sanitätsrat Dr. Knorz aus Prien am schönen Chiemsee? Der hatte 1927 eine Idee. Das heißt, er hatte in diesem betreffenden Jahr sicherlich mehr als nur eine Idee, aber eine ganz bestimmte ist für diese Motorradtour von geradezu existenzieller Bedeutung. Denn Dr. Knorz träumte davon, Boden- und Königssee mit einer durchgängigen Straße längs der Alpennordseite zu verbinden, um dem Reisenden die herrlichen Landschaften seiner Heimat nahezubringen. Und

TOUR-CHECK

Land und Region: *Süddeutschland, Allgäuer und Lechtaler Alpen*
Empfohlener Tourenstandort: *Lindau (Ausgangspunkt) – Garmisch-Partenkirchen (Tagesziel)*
Länge: *185 km*
Schwierigkeit: *leicht*
Höchster Punkt: *1120 m*
Beste Reisezeit: *Mitte April – Ende Oktober*

ALLGÄU

natürlich ganz nebenbei den Tourismus in dieser Region anzukurbeln. Fünf Jahre zogen ins Land, bis er mit seinem Traum den damaligen Deutschen Touring Club begeistern konnte. Auch Nazi-Deutschland konnte Knorzens Traum nicht zerstören, nein, ganz im Gegenteil, Hitler'scher Größenwahn verlieh dem Projekt sogenannte überragende nationale Bedeutung mit zum Teil aberwitzigen Aspekten, die zumindest eines bewirkten: den zügigen Bau einer 260 km langen Hauptroute.

Heute, über 80 Jahre nach Knorzens Idee, ist das Projekt »Deutsche Alpenstraße« noch immer nicht vollendet. Viele Details wurden wieder verworfen, Teilstrecken mussten den Realitäten vor Ort weichen, und Ausbaupläne fielen leeren Staatskassen zum Opfer. Trotz aller Widrigkeiten verbindet die seit 2002 durchgängig beschilderte, inzwischen 450 Kilometer lange Strecke die landschaftlichen und kulturellen Highlights vom Schwäbischen Meer bis zu den Berchtesgadener Gipfeln miteinander. Weitere Infos unter www.deutsche-alpenstrasse.de

Hut ab vor dieser Schönheit

Das hübsche Lindenberg ist Zentrum der deutschen Hutindustrie und würdigt diesen Umstand mit einem sehenswerten Hutmuseum, übrigens dem ersten Deutschlands. All-

Gute alte Zeit: In Bayern darf man noch träumen.

jährlich im Mai wird hier der Huttag gefeiert mit gut behüteter Hutkönigin und viel Fröhlichkeit. Ach ja – und im August das internationale »Käse- & Gourmetfest«, denn der berühmte Lindenberger Käse kommt ebenso aus dieser erlebenswert vielfältigen Stadt.

Vor allem im ersten Abschnitt folgt die »Deutsche Alpenstraße« dem Verlauf der B 308, einer der wichtigsten Ost-West-Verbindung des Allgäus. Dementsprechend verkehrsreich geht es auf der Strecke zu. Grund genug, immer wieder einmal auf die zahlreichen einsamen Landstraßen rechts und links auszuweichen. So zum Beispiel gleich hinter

Prächtig historisch: Füssens Altstadt zählt zu den schönsten Bayerns.

TOUR 2

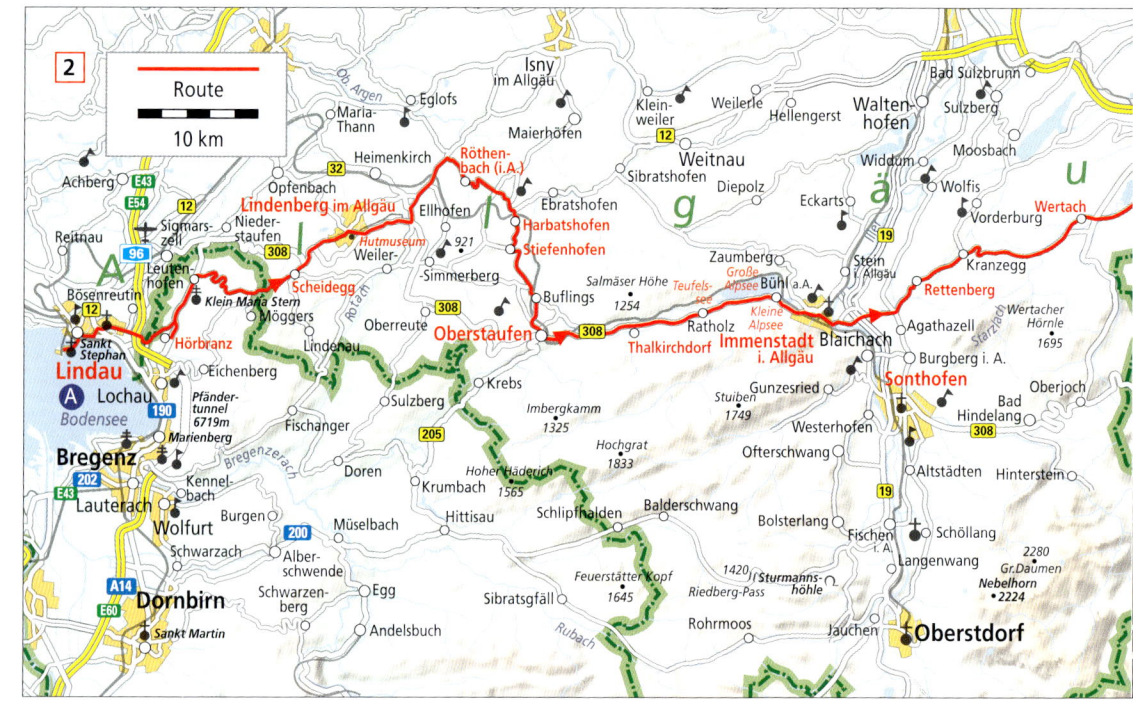

Lindenberg links ab über die Dörfer Röthenbach, Habrats- und Stiefenhofen nach Oberstaufen. Landschaftlich äußerst idyllisch, komplett frei von roten Ampeln und Verkehr geht es kurvenreich dahin.

Schwitzpackungen, Trink- und Trockentage sowie eine fett- und eiweißfreie Diät – mit den anerkannten Therapien des Johannes Schroth aus dem 18. Jahrhundert kennt man sich im beschaulichen Oberstaufen im Herzen des Allgäus wahrlich aus. Die zahlreichen Geschäfte, Restaurants und Andenkenläden im historischen Zentrum des einzigen Schrothkurortes Deutschlands haben sich dementsprechend auch auf deutlich betagte Gäste eingerichtet. Nach einem kurzen Rundumblick, vielleicht gewürzt mit einem koffeinhaltigen Boxenstopp, lassen Sie uns gesund und munter hinaus in die freie Landschaft düsen. Teufels- sowie Großer und Kleiner Alpsee, drei beliebte Allgäuer Badeseen, führen uns schließlich nach Immenstadt mit seiner sehenswerten historischen Altstadt. Klappen Sie hier unbedingt den Seitenständer für einen kleinen Rundgang aus, es lohnt sich. Und während die »Deutsche Alpenstraße« am Ortsrand von Immenstadt gen Süden nach Sonthofen abbiegt, empfehle ich, einen weiteren Abstecher über die Dörfer zu unternehmen, über Rettenberg und Wertach nach Nesselwang. Wer allerdings unsere Tour 1 über das Oberjoch noch nicht gefahren ist, kann auch diesen Pass einplanen und sich strikt an die Wegweisung der »Deutschen Alpenstraße« halten.

Bayerns berühmtester Mordfall

Auch der imposanten Handelsstadt Füssen sollten wir auf dieser Tour unbedingt unsere Aufwartung machen. Wie justament dem Mittelalter entsprungen präsentiert sich der historische Kern unterhalb des Hohen Schlosses. Herrliche Illusionsmalereien an prächtig restauriertem Fachwerk begeistern jeden Be-

---

EINKEHRTIPP IN FÜSSEN

Hotel Brauerei Gasthof **Bräustüberl** von Biker und Gleitschirmflieger Wolfgang Weyerer mit eigenem »Bierdorf«, ja sogar Bier- und Käsegrill, Rupprechtstr. 5, 87629 Füssen.
Tel.: 08362/78 43, www.brauereigasthof-braeustueberl.de

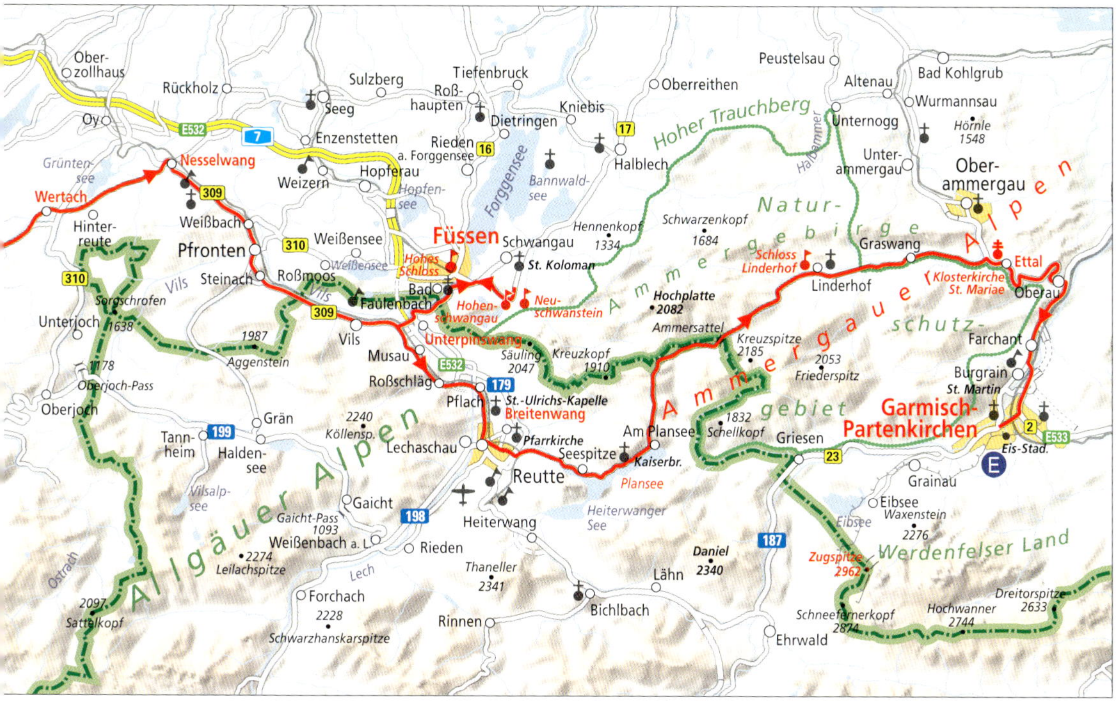

ALLGÄU

Bitte einen Boxenstopp einplanen: Am Plansee finden sich überall königliche Siegel.

sucher und stimmen uns perfekt ein auf das vor uns liegende Erbe von König Ludwig II., Deutschlands einzigem echten Märchenkönig.

Ludwigs Vater entdeckte auf einer Wanderung die Ruine »Schwanstein« und beschloss ihren Erwerb und Wiederaufbau als Sommerresidenz »Hohenschwangau«. In dieser märchenhaften Umgebung mit Helden- und Rittersälen, mit Orient- und Hohenstaufenzimmer, mit riesigen Sagen- und Historienbildern wurde der Grundstein für Ludwigs Weltfremdheit gelegt. Gleich gegenüber, nur einen Steinwurf entfernt auf zerklüftetem Fels, ließ Ludwig 1868 sein Denkmal, seinen monumental-romantischen Fluchtpunkt im Stil einer altdeutschen Ritterburg erbauen: sein »Neuschwanstein«. Weitab von den verhassten Ministern in München, fernab von jeglicher Realität, inspiriert von den gewaltigen Opern seines Freundes Richard Wagner. 18 teure Baujahre später war das Hauptgebäude fast fertig. Nur dem Thronsaal fehlte – geradezu symbolisch – noch der elfenbeinerne Thron, als Ludwig entmündigt und entmachtet im Juni 1886 nach München gebracht werden sollte, wo er allerdings nie ankam.

Er soll in einer sternenlosen Sommernacht als hervorragender Schwimmer im Starnberger See ertrunken sein – so lautet die offizielle Version der Geschichte. Oder wurde er doch

TOUR 2

Der Schönste des ganzen Bodensees: Lindaus historischer Hafen.

hinterrücks erschossen? Des Königs Hemd soll im Rücken genau über dem Herzen zwei blutverschmierte Löcher aufweisen. Nur die geheimen Akten des königlichen Hausarchivs der Wittelsbacher könnten das Rätsel lösen. Doch sie sind auch 124 Jahre nach Ludwigs Tod noch immer verschlossen. Und werden es wohl bleiben. Denn so ist gewiss, dass die Legende um den einzigen Märchenkönig Deutschlands niemals stirbt – und damit auch der ganz besondere Reiz dieser gesamten Region. Und außerdem, wie sagte Ludwig we-

nige Monate vor seinem Tod: »*Ein ewiges Rätsel will ich bleiben mir und den anderen ...*« Alle Infos zu den Königsschlössern unter www.schwangau.de in der Rubrik »König Ludwig II«.

Als perfekt gemanagte Tourismusprojekte bieten die Königsschlösser trotz allen Trubels die sehenswerte Kulisse der steingewordenen Träume eines zeit seines Lebens einsamen Menschen, die mit ungeheuren Mühen realisierten Vorstellungen Ludwigs von seiner Welt, einer vielleicht sogar besseren, zumin-

ALLGÄU

dest aber friedvolleren Welt. Sehr sehenswert – aber bitte mit viel Zeit im Tankrucksack!

Noch ein letztes Mal verlassen wir für heute unsere Ferienstraße, denn noch ein Pflichttermin wartet auf uns bei jedem Besuch in Ludwigs Heimat: Folgen Sie bitte der Landstraße nach Unterpinswang und biegen Sie bei Breitenwang Richtung ausgeschildertem Plansee ab, einem herrlich gelegenen Bergsee und dem bekanntesten Bikertreff der gesamten Ammergauer Alpen. Dessen Uferstraße gehört an sonnigen Sommerwochenenden nahezu uns allein, zahlreiche Einkehrmöglichkeiten reihen sich auf wie Perlen einer Kette. Und ganz versteckt hinter den steil aufragenden Felswänden des Ammersattels liegt Schloss Linderhof – ebenfalls aus Ludwigs Zeiten – in friedvoller Waldeinsamkeit.

Über den berühmten Wallfahrtsort Ettal mit seinem imposanten Kloster erreichen wir nach einer letzten ordentlichen Portion Kurvenhatz unser Ziel Garmisch-Partenkirchen zu Füßen von Deutschlands höchstem Gipfel, der Zugspitze. Jetzt heißt es einkehren und ausspannen, denn in den beiden folgenden Kapiteln gönnen wir uns immer wieder eine satte Portion »Deutsche Alpenstraße«. Und die hat es ab hier landschaftlich und auch fahrerisch »in sich«. Versprochen.

Idylle im Abseits: Der Plansee gehört zu den Geheimtipps für Biker.

TOUR 2 IM ÜBERBLICK

Allgemeines
Vom »Schwäbischen Meer« – dem Bodensee – bis zu den höchsten Pässen und Panoramastraßen Deutschlands reicht die erlebenswerte Bandbreite der »Deutschen Alpenstraße«, des Klassikers unter allen deutschen Ferien- und Themenstraßen. Sie hat nicht nur für jeden Geschmack etwas zu bieten, sie ist auch ein fahrerischer Genuss zu jeder Jahreszeit.

Aufgepasst
Der Westteil der Ferienstraße führt über die B 308, eine verkehrsreiche und abschnittsweise auch leicht staugefährdete Verbindungsstraße, auf der neben hohem Verkehrsaufkommen auch immer wieder mobile Radarfallen lauern.

Mein Übernachtungs-Tipp in Lindau
Café-Hotel Schreier mit köstlichen, hausgemachten Eis- und Konditorei-Leckereien, die jede Lederkombi sprengen können. Direkt am historischen Hafen von Lindau gelegen, Färbergasse 2, 88131 Lindau
Tel.: 08382/94 44 84
info@hotel-schreier.de, www.hotel-schreier.de

Mein Übernachtungs-Tipp in Garmisch-Partenkirchen
Hotel Trifthof, ein kleines gemütliches Hotel im alpenländischen Stil am ruhigen Südrand der Stadt, nur wenige Gehminuten vom Zentrum entfernt
Triftstraße 4, 82467 Garmisch-Partenkirchen
Tel.: 08821/570 64
info@hotel-trifthof.de
www.hotel-trifthof.de

Kartenmaterial
Motorrad Powerkarten »Süddeutschland und Österreich« Blatt 5 + 6, laminierte Tourenkarten im Maßstab 1:250.000, ISBN 978-3-937418-22-3.

Im Internet
www.stadt-fuessen.de, www.deutsche-alpenstrasse.de
www.schlosslinderhof.de, www.schwangau.de

TOUR 3

Prachtvolles Karwendel: Das Engtal am Großen Ahornboden.

TÖLZER LAND & KARWENDEL

Tölzer Land mit »Deutscher Alpenstraße«

Das Tölzer Land ist Bayerns Postkarten-Idylle. Und eine weitere Portion »Deutsche Alpenstraße« gibt's obendrein.

Ansichtskartentauglich: Bad Tölz ist Bayern pur.

Die folgende Tour kombiniert die Schönheiten der beliebtesten oberbayerischen Ferienregion, dem Tölzer Land, mit dem in Tour 2 begonnenen Thema »Deutsche Alpenstraße«, die sich sozusagen wie ein roter Faden auch durch Kapitel 3 und 4 zieht. Und Tour 3 ist erneut eine kurvenreiche Rundreise mit Start und Ziel im prächtigen Bad Tölz.

Echte Perle am Isarstrand

Nachdem die Gletscher zurückgewichen waren, begannen zum Ende der Steinzeit hin die ersten Menschen im Tölzer Land zu siedeln. Unter einem Ritter Hainricus de Tolnze entstand die heute leider nicht mehr erhaltene Burg als wichtiger Kontrollpunkt für die vorbeiführenden Fluss- und Landverkehrswege.

Vor allem die Flößerei auf der Isar wurde für Tölz zu einem entscheidenden Faktor der Stadtentwicklung. Die Stadt prosperierte allein schon durch ihre ganz besondere Verkehrslage am Schnittpunkt von Isar und Salzstraße. Bis nach Wien und Budapest schwammen die Flöße aus dem Holz der Wälder des Isarwinkels. Ein großer Brand vernichtete 1453 die damals mehrheitlich aus Holz bestehende Marktstraße, wie auch die Stadtpfarrkirche und die Burg. Herzog Albrecht III. ermöglichte den Bürgern durch Steuergeschenke, ihren Markt mit steingemauerten Häusern wieder aufzubauen. 1742 im Österreichischen Erbfolgekrieg wütete der berüchtigte und höchst bestechliche Panduren-Hauptmann Trenk in Tölz, einer kompletten Brandschatzung entgingen die Bürger nur durch Zahlung von mehreren Hundert Gulden Schmiergeld.

Eine vollkommen neue Zeit brach an in Tölz, als 1845 Jodquellen am Sauersberg entdeckt wurden. Zunächst nur im Tölzer Zollhaus als Heilwasser ausgeschenkt, begann ab 1860 der eigentliche Badebetrieb mit Kurgarten, Kursaal, Wandelhalle und bestimmt auch so manchem »Kurschatten«. In den Jahren 1868 und 1870 wurden weitere Heilquellen entdeckt, und 1899 erhielt die Stadt den

TOUR-CHECK

Land und Region: Süddeutschland, Karwendel und Tölzer Land
Empfohlener Tourenstandort: Bad Tölz
Länge: 205 km
Schwierigkeit: leicht
Höchster Punkt: 1206 m
Beste Reisezeit: Mitte April - Ende Oktober

TÖLZER LAND & KARWENDEL

lukrativen Titel »Bad«. Heutzutage ist Bad Tölz als heilklimatischer Kurort weit über Deutschlands Grenzen hinaus bekannt. Infos unter www.bad-toelz.de

Bunt, barock und in sich stimmig präsentiert sich die Kurstadt Bad Tölz ihrem heutigen Besucher. Prächtige Bürgerhäuser mit fantasievollen Fassadenmalereien schmücken die Fußgängerzone, deren Eiscafés und Biergärten auch mich meist erfolgreich zum Verweilen überreden. Das Bike steht derweil sicher auf dem großen Parkplatz direkt am Isarstrand unterhalb der Altstadt.

Und jetzt bitte Stopp: Bevor wir uns den im Süden bereits mächtig lockenden Karwendel-Alpengipfeln intensiv widmen, wedeln wir erst einmal gen Westen aus Bad Tölz hinaus. Die Beschilderung nach Ober- und Unterfischbach weist uns den Weg – natürlich wieder einmal einen »landschaftlich wertvollen« mit dem berühmten grünen Band. In Schönrain setzen wir den Blinker links nach Benediktbeuern.

»Benediktbeuern, du lieblicher Ort, liegst so versonnen am Bergesrand dort, grüßt schon von Weitem gar mächtig die Wand, klingen die Glocken so festlich ins Land.« Jene gewaltigen Glocken gehören übrigens dem ältesten Benediktinerkloster Oberbayerns, dem der Ort sein Entstehen und seinen Namen zu verdanken hat.

Prächtig, mächtig und ganz schön alt

Benediktbeuern ist zudem mit weit über 1200 Jahren das älteste Kloster Oberbayerns. Der Besitz des Klosters stammte aus einer großzügigen Schenkung einer angesehenen Familie, die auch den ersten Abt des Klosters stellen durfte. Karl der Große höchstpersönlich überbrachte dann dem dritten Abt Eillant die große Reliquie vom rechten Arm des hl. Benedikt, aufgrund derer der Namen des Klosters in Benediktbeuern geändert wurde. Das Kloster organisierte in der Folge die Besiedelung und Christianisierung der gesamten,

---

EINKEHRTIPP IN BAD TÖLZ

Das Café **Schuler** in der Marktstraße 9, 83646 Bad Tölz, Tel.: 08041/4014, www.konditorei-cafe-schuler.de; das Traditions-Café seit 1953, sehr beliebt und ebenso kalorienreich.

Der historische Gasthof mit Hotel **Altes Zollhaus** idyllisch am Waldrand von Bad Tölz gelegen, Benediktbeurer Str. 7, 83646 Bad Tölz, Tel.: 08041/9749, www.zollhaus-toelz.de

---

Geheimnisvoll und unergründlich: Der Walchensee im Karwendel.

TOUR 3

Auf ein Wort: Die Sylvenstein-Staumauer ist der Bikertreff im Tölzer Land.

höchst fruchtbaren Region, musste aber auch selbst so manchen Besitzerwechsel überstehen. Sowohl Augsburger als auch Tegernseer Kirchenfürsten stritten um den Besitz der Abtei, der 63. Abt des Klosters musste 1803 die Säkularisation durchleben, das wertvolle Archiv und die Bibliothek wurden nahezu vollständig zerstört. Freiherr Josef von Utzschneider erwarb die Gebäude und bewahrte sie vor dem Abbruch, indem er sie verschiedenen Institutionen als Unterkunft anbot. Von 1818 bis 1929 diente das Kloster als Invalidenhaus und staatliches Genesungsheim, 1930 übernahmen die Salesianer Don Boscos das schwere Erbe und die Tradition dieses ältesten Platzes christlicher Religionen im bayerischen Oberland. Infos unter www.kloster-benediktbeuern.de.

Auf geht's zum Kurventanz

Auch Kochel am See stand lange Zeit im Besitz des Klosters Benediktbeuern. Heutzutage gehört der in seinem historischen Kern mit herrlichen Lüftlmalereien verzierte Ort zu einem der bekanntesten Ausflugsziele der gesamten Region. Und das hat er natürlich nicht zuletzt dem »Dorfweiher« zu verdanken, dem idyllisch zu Füßen des Herzogstands ruhenden Kochelsee.

Kaum haben wir den Uferstreifen des Kochelsees in den Rückspiegeln verloren, da breitet sich bereits das Kurvenparadies der Kesselbergstraße vor unseren Reifen aus. Aber Achtung: An Wochenenden und Feiertagen ist diese Richtung hinauf zum Walchensee explizit für Biker gesperrt! Wenngleich unsinnig

EINKEHRTIPP NAHE KOCHEL

Der Traditions-Gasthof **Klosterbräu** in Schlehdorf am Kochelsee, ein sehr beliebter Bikertreff mit gemütlichem Gastgarten, sehr guter bayerischer Küche, ja sogar einigen gemütlichen Hotelzimmern, Seestraße 2, 82444 Schlehdorf,
Tel. 08851/286, www.klosterbraeu-schlehdorf.de.

TÖLZER LAND & KARWENDEL

und im Grunde diskriminierend, so sollten wir das Verbot dennoch beachten. Dies zumal im weiteren Kurvenverlauf gerne die Polizei dessen Einhaltung kontrolliert. Am großen Parkplatz in der Applauskurve im oberen Drittel der Kesselbergstraße haben wir nochmals einen schönen Ausblick auf den Kochelsee, bevor uns wenige Meter weiter bereits die ersten schnellen Blicke auf den Walchensee förmlich aus dem Sattel reißen. Die Uferstraße durch winzige Seeorte und einige Lawinentunnels zählt zu den schönsten dieses Buches. Zahlreiche Einkehrmöglichkeiten besitzen herrliche Seeterrassen, auf denen Speis & Trank aus guter bayerischer Küche mit grandiosen Ausblicken gewürzt werden. Dass so manche Köstlichkeit deshalb ein ganz klein wenig teurer ist als anderswo, werden auch Sie in Anbetracht des Ambientes bestimmt gerne akzeptieren.

Geheimnisvoll und unergründlich

Der Walchensee ist einer der tiefsten und größten Bergseen Deutschlands. Und einer der geheimnisvollsten. Als im Jahr 1755 die portugiesische Stadt Lissabon vom Erdbeben zerstört wurde und in weiten Teilen im Meer versank, da fing der Walchensee plötzlich an zu brausen und zu kochen. Fischer wurden von haushohen Wellen aus ihren Booten geschleudert, ja einige ertranken sogar. Seit diesen Tagen glaubt man, dass der See durch eine Wasserader mit dem Meer in Verbindung steht. Eines Tages wollte ein Forscher die Tiefe des Walchensees messen und ließ sich in einem gläsernen Kasten hinabsenken. Er kam nie wieder an die Wasseroberfläche.

Bis weit in das 18. Jahrhundert war es Brauch, geweihte Goldmünzen an der tiefsten Stelle des Sees zu versenken, um die Seegeister gnädig zu stimmen. Im Verlauf des 2. Weltkrieges versanken mindestens zwei Kampfflugzeuge in den Fluten. Doch dem nicht genug: Hartnäckig hält sich das Gerücht, dass im April 1945 die Wehrmacht zumindest einen Teil der Reichsbank-Goldreserven entweder entlang dem Ufer vergraben, oder gar im See versenkt haben soll. Über 300 Säcke mit jeweils zwei Goldbarren sollen es gewesen sein, dazu viele Kisten mit Gold- und anderen Münzen. Bis heute wurde dieser Schatz niemals entdeckt. Doch so manches Mal legen die Strömungen des Sees auch wieder Teile seiner Geschichte frei – er ist und bleibt einer der geheimnisvollsten Seen der Alpen.

Kurvenreich pendeln wir um den Westteil des Sees bis zur links abzweigenden Mautstraße hinein in die Jachenau. Hier biegen wir ab, bezahlen zweieinhalb Euro und genießen die abwechslungsreiche Reise mitten hinein in eine der schönsten Tallandschaften Bayerns. Die vor unserem Windshield liegende Jachenau entführt uns in ein mehr als idyllisches Almental mit kleinen, bäuerlichen Ansiedlungen, mit herrlichen Lüftlmalereien und verschlafenen Ortschaften rechts und links des Lenkers. Zahlreiche Gasthöfe und Biergärten entlang der Strecke bieten entspannende Pausen und bayrisch-deftigen Genuss, wollen uns nicht nur sonntags mit ihrem verlockenden Duft nach frisch gebratenen Schweinshax'n von der Piste locken. Ergeben Sie sich doch

Lust auf offroad: Manche Piste im Karwendel ist noch frei für Biker.

TOUR 3

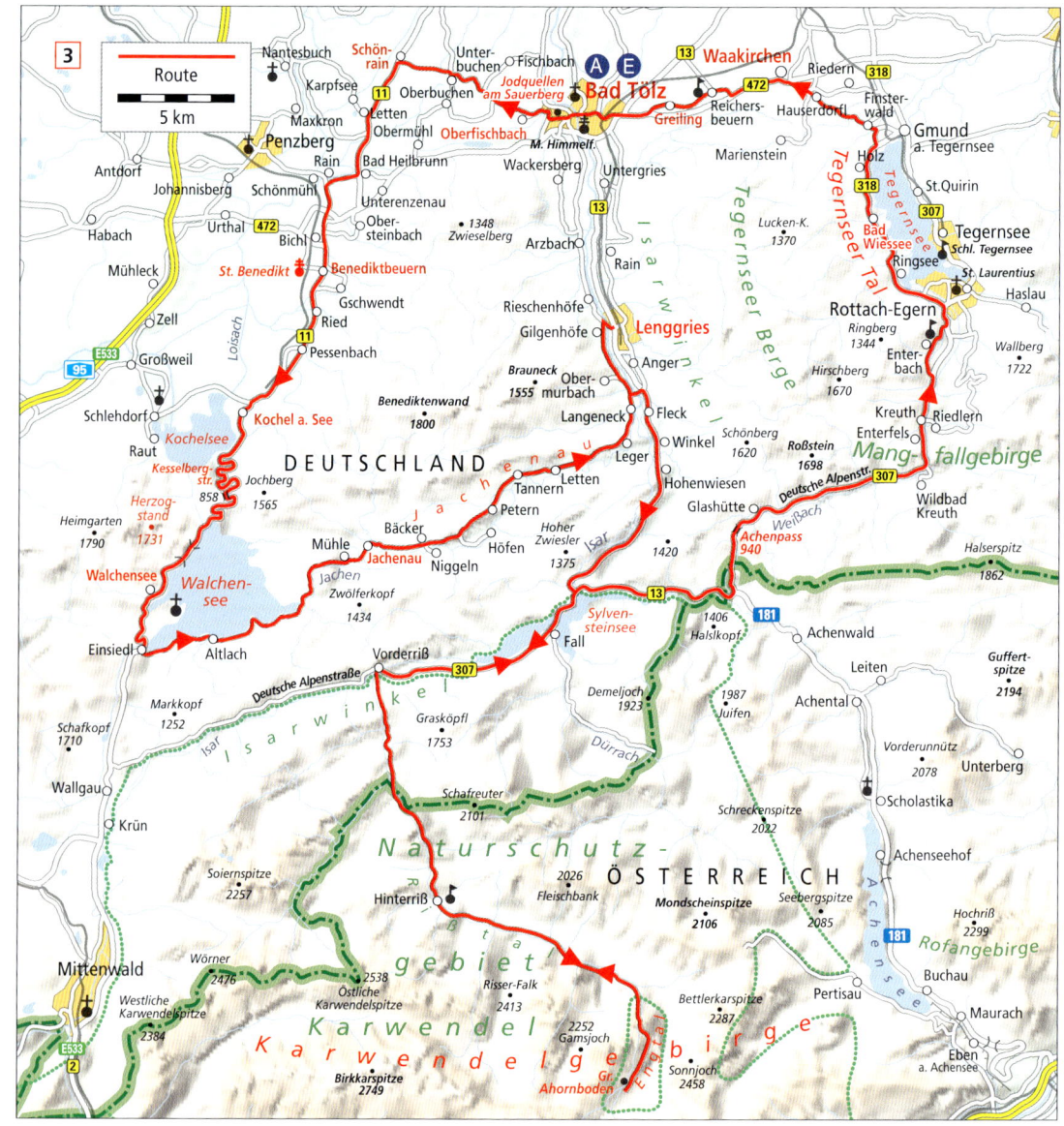

auch für ein, zwei Stündchen diesen ganz anderen Genüssen. So viel Zeit muss sein!

Im historischen Marktflecken Lenggries wenden wir uns dann endlich dem Karwendel zu, schwingen über die gut ausgebaute B 13 zum Silvenstein-Speicher, einem fjordartigen See, der vor allem als Hochwasserschutz und Rückhaltebecken dient. Und auf dessen Grund das jahrhundertealte Bauern- und Jägerdorf Fall ruht, ein Dorf, in dem bereits Ludwig Ganghofer, Ludwig Thoma oder auch Paul von Hindenburg ihre Jagdurlaube verbrachten. Bei niedrigem Wasserpegel und günstigem Lichteinfall soll das Dorf am Grunde des Sylvensteinsees auch heute noch zu erkennen sein.

Jetzt wird's eng

Nur 25 Kilometer lang, dafür von Frühling bis in den Herbst hinein als echter fahrerischer Leckerbissen vor allem auch für uns Motorradfahrer, präsentiert sich die zweite Mautstrecke dieses Kapitels hinein ins Engtal. Folgen Sie

TÖLZER LAND & KARWENDEL

einfach der Beschilderung nach Vorder- und Hinterriß. In prächtigen Rechts-Links-Kombinationen schwingen wir entlang der rauschenden Eng hinauf zu 500 Jahre alte Ahornbäumen, die ganz am Ende der Strecke auf einem weiten Hochplateau, dem Großen Ahornboden, vor allem im Herbst eine einzigartige Farbenpracht entfalten. Das Ganze garniert mit den 2600 m aufragenden Felswänden des Karwendel-Massivs. Atemberaubend schön nenn ich das. Ach ja: Falls Sie diese Tour bereits jetzt ganz besonders reizvoll ausklingen lassen möchten, empfehle ich eine Einkehr oder auch Übernachtung im Gasthaus in der Eng, ganz am Ende der Mautstrecke zu Füßen des Karwendels. Das Sternenzelt über dem Ahornboden ist nicht nur für Stadtmenschen geradezu überwältigend.

Für die Weiterfahrt geht es am Sylvenstein-Speicher rechts ab und über den eher unscheinbaren Achenpass geschwind hinunter in das herrliche Tegernseer Tal. Dem werden wir uns in Tour 4 noch etwas ausführlicher widmen, für heute empfehle ich, den Tegernsee über Bad Wiessee entlang dem Westufer zu erfahren. Das sehenswerte Ostufer gönnen wir uns im nächsten Kapitel. Über Waakirchen und Greiling schließt sich der Kreis unserer Rundtour wieder in Bad Tölz. Genießen Sie den Abend inmitten der herrlichen Altstadt-Cafés und Biergärten. Vielleicht sehen wir uns ja dort ...

Für kulinarische Entdecker: Die Almwirtschaften im Engtal.

TOUR 3 IM ÜBERBLICK

Allgemeines
Das Tölzer Land ist Bayern par excellence, hier schwingen wir sozusagen von einer Postkarten-Idylle zur nächsten. Gewürzt wird all diese optische Pracht durch eine Vielzahl an Biergärten und Einkehrmöglichkeiten, bei denen man traditionelle bayerische Küche intensiv genießen kann.

Aufgepasst
Die Kesselbergstraße vom Kochel- hinauf zum Walchensee ist an Wochenenden und Feiertagen nur in dieser Richtung für Biker gesperrt. Unsinnig und überflüssig zwar – dafür lautet mein Tipp für diesen Tag: Einfach unsere Rundtour umdrehen! In der Gegenrichtung herrscht freie Fahrt für alle.

Übernachtungs-Tipp in Bad Tölz
Das gemütliche **Jugendstilhotel Kolbergarten**, ruhig gelegen am Fuße des Kalvarienberges, nicht weit entfernt vom historischen Zentrum
Fröhlichgasse 5, 83646 Bad Tölz
Tel.: 08041/789 20
kolbergartenbadtoelz@t-online.de
www.hotel-kolbergarten.de

Kartenmaterial
Motorrad Powerkarten »Süddeutschland und Österreich« Blatt 6 + 7, laminierte Tourenkarten im Maßstab 1:250.000, ISBN 978-3-937418-22-3.

Im Internet
www.bad-toelz.de, www.toelzer-land.net
www.kochel.de, www.walchensee.net

TOUR 4 TEGERNSEE

*Bis in die Unendlichkeit:
Blick vom Rossfeld gen Süden.*

& BERCHTESGADENER LAND

Tegernseer Tal und Berchtesgadener Land

Vom Tegernseer Tal geht es ins Berchtesgadener Land, und das Rossfeld gibt es als Krönung der »Deutschen Alpenstraße« ...

TOUR 4

Passvergnügen: Der Spitzingsattel bietet auch Ausblick auf den Schliersee.

Auf dieser Tour schließen wir die Erfahrung der »Deutschen Alpenstraße« ab, wir folgen ihr direkt oder auf annähernde Sichtweite vom Tegernsee über Bayerns berühmtesten Bikertreff bis hinein in das Berchtesgadener Land, diesem so prächtigen Südostzipfel Deutschlands, um den uns alle Nachbarn zu Recht beneiden. Haben Sie den Tegernsee auf Tour 3 noch nicht umrundet, so empfehle ich, dies nun nach einem gemütlichen Frühstück entlang der Seepromenade in Rottach-Egern oder Tegernsee zu erledigen. Denn gleichwohl wir die Strecke um den See wohl niemals im Jahr für uns allein haben werden, lohnt sie sich auf jeden Fall. Und ein gemächliches Reisetempo erlaubt ja im Gegenzug auch, uns ausgiebig umzuschauen.

»Ein Biersee so groß wie der Schliersee ...«

Kennen Sie noch die Zeilen dieses alten Schunkelliedes? Nur zwanzig Kilometer weiter und dennoch fast in einer anderen Welt liegt er als Tegernseer Pendant en miniature wenig später vor unseren Reifen – der Schliersee mit seiner erlebenswerten Uferstraße. Über Hausham geht es kurvenreich zum Seeufer. Geheimnisvoll, sagenumwoben ist er bis heute und um Welten urtümlicher, ja gemütlicher als sein großer Bruder Tegernsee. Auf der B 307 schwingen wir aussichtsreich am See entlang und wenden uns kurz hinter dem Örtchen

TOUR-CHECK

Land und Region: Süddeutschland, Tölzer und Berchtesgadener Land
Empfohlener Tourenstandort: Rottach-Egern (Start) und Berchtesgaden (Ziel)
Länge: 185 km
Schwierigkeit: leicht bis mittel
Höchster Punkt: 1575 m
Beste Reisezeit: Anfang Mai - Ende Oktober

TEGERNSEE & BERCHTESGADENER LAND

Neuhaus Richtung Südosten, folgen den Wegweisern Richtung Bayrischzell.

Und jetzt bitte aufgepasst: Kurz hinter Neuhaus zweigt er ab – mein Pflichtabstecher an dieser Stelle zum herrlich gelegenen Spitzingsee. Über den Spitzingsattel erreichen wir den idyllischen Bergsee mit seinem prächtigen Panorama und zahlreichen Einkehrmöglichkeiten. Mein Tipp: Zuerst einmal oben am Sattel den Seitenständer ausklappen und einen langen Blick zurück auf Schliersee & Co. werfen. Dann unbedingt eine Runde Tretbootfahren gehen, das lockert Bikers verspannte Bein- und Gesäßmuskulatur auf ganz natürliche Weise. Und die Bikerseele baumelt derweil über dem Bootsrand, so entspannend ist es nämlich hier oben. Alle Infos unter www.spitzingsee.de

Aufforderung zum Kurventanz

Jetzt geht es aber zügig hinüber zu einer ausgiebigen Portion Kurvenhatz rund um Bayerns berühmtesten Bikertreff oberhalb von Bayrischzell. Zwei aussichtsreiche Spitzkehren nach dem Ortsausgang befinden wir uns bereits auf der Hausstrecke der Tiroler und Münchner Biker. Und die klappen nicht nur am berühmten Café Kotz den Seitenständer aus, wahre Kenner der Region gönnen sie sich gerne auch einen Abstecher zum ausgeschilderten »Oberen Sudelfeld«.

Vorbei am berühmten Traditions-Gasthof »Zum Feurigen Tatzelwurm« wedeln wir anschließend bergab Richtung Oberaudorf hinunter ins mächtige Inntal – natürlich immer auf der Suche nach ihm, dem scheuen Tatzelwurm.

Abstecher ins Niemandsland

Und während die »Deutsche Alpenstraße« nun ein ganzes Stück parallel zur A 8 München-Salzburg verläuft, gönnen wir uns einen Abstecher zu unseren Nachbarn, hinauf zum malerisch gelegenen Walchsee und nach Kössen – günstig volltanken erneut inklusive.

Aber aufgepasst: Gleich hinter der Grenze, am Ostrand des Örtchens Sebi, heißt es den Blinker links zu setzen für einen kurvenreichen Abstecher hinauf auf das Plateau von Rettenschöss. Gleich nach dem Abbiegen

schraubt sich die kaum mehr als lenkerbreite Piste kehrenreich hinauf in ein traumhaft gelegenes Hochtal. So schön ist es hier, dass auf manchem Kilometer selbst Schritttempo noch viel zu schnell erscheint. An den Ufern des Walchsees kehren wir dann zurück auf die Hauptstrecke nach Reit im Winkl, einem weithin bekannten historischen Bergbauerndorf in grandioser Aussichtslage. Über Seegatterl sowie den Weit- und Mittersee erreichen wir Ruhpolding, einen beliebten Urlaubsort in

Gegen die Hektik unserer Tage: Die Waller- und Speck-Alm am Oberen Sudelfeld.

EINKEHRTIPP IN TEGERNSEE

Das **Herzogliche Bräustüberl Tegernsee** direkt am Seeufer mit langer Tradition, großem Biergarten und äußerst leckeren Speis & Trank, Schloßplatz 1, 83684 Tegernsee, Tel.: 08022/4141, www.braustuberl.de

EINKEHRTIPPS AM SUDELFELD

Die beiden Berggasthöfe **Speck-** und **Waller-Alm** ganz am Ende der Sackgassen-Piste hinauf zum Oberen Sudelfeld
Berggasthaus Waller-Alm, Familie Waller, Tel.: 08023/722, www.walleralm.de
Speck-Alm, Familie Ettenhuber, Tel.: 08023/1442, www.speck-alm.de
Postadresse beider Almen: Oberes Sudelfeld 2, 83735 Bayrischzell.
Aber Vorsicht: Der Einkehrschwung auf der Speck- oder Waller-Alm kann Tourenpläne atomisieren, so erholsam ist es dort auf über 1400 Metern.

TOUR 4

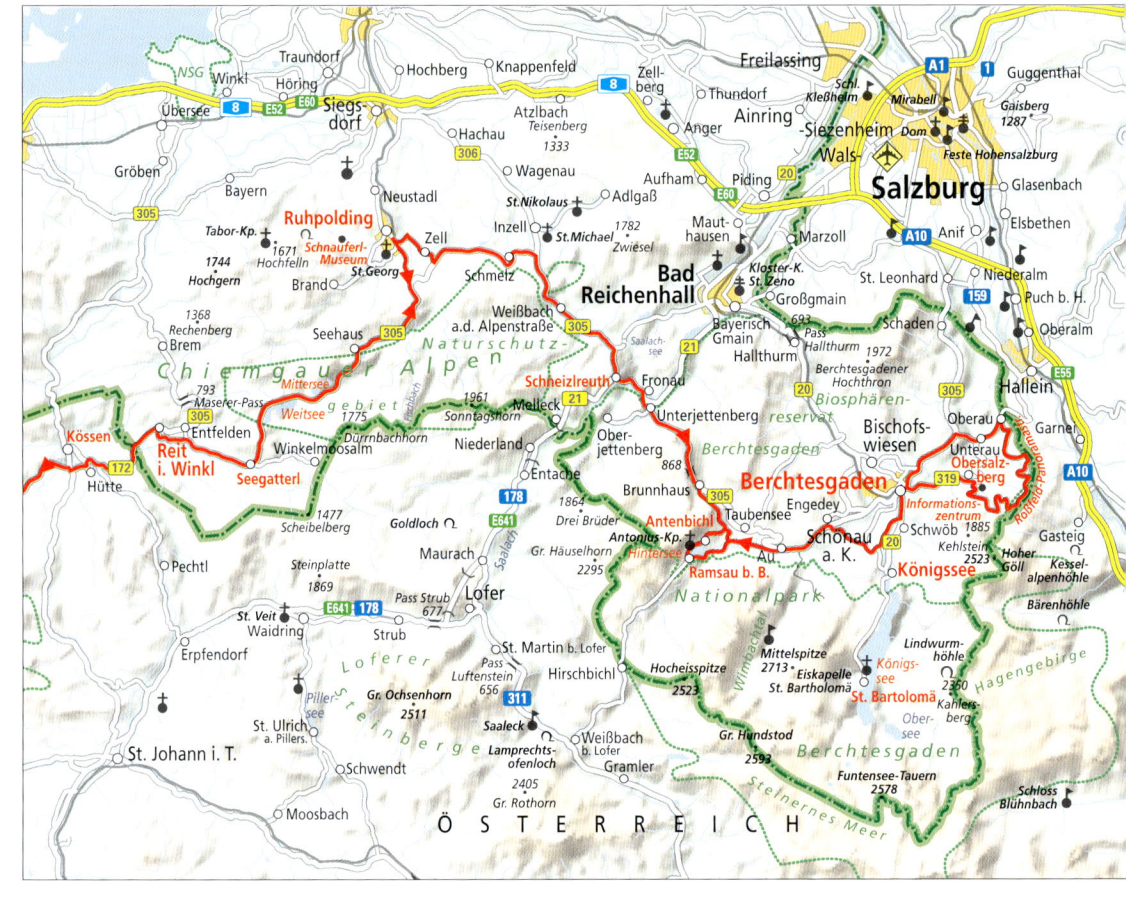

einzigartiger Lage, dessen Motorradspezialität allerdings etwas versteckt am westlichen Waldrand zu finden ist.

In einem Kuhstall am Rande Ruhpoldings liegt das wohl einmalige Motorrad-Museum Deutschlands – Georg Hollwegers »Schnauferl-Museum«. Fast 80 Maschinen, davon mehr als die Hälfte in originalem und vor allem fahrbereitem Zustand warten darauf, von uns entdeckt zu werden. Lenker an Lenker, Fußraste an Kettenrad finden sich all die klangvollen und so manches Mal draußen im Leben längst verklungenen Namen der Motorradgeschichte: NSU, Norton, Zündapp, BMW, Horex, DKW und Herkules – Ergebnis einer lebenslangen Leidenschaft für das Zweirad. Toll und ein unbedingter Pflichttermin einer jeden Tour durch den Chiemgau. Das Schnauferl-Museum liegt im Bacherwinkl 5 in Ruhpolding Richtung Steinberg-Alm. Öffnungszeiten täglich von 9–12 und 13–18 Uhr, der Eintritt ist frei, Spenden sind selbstverständlich.

Welch' prächtiges Alpengärtlein

Über Schneizlreuth geht es immer am Nordrand des Nationalparks Berchtesgaden entlang, bis uns der Wegweiser zum Hintersee rechts ab in ein mehr als atemberaubendes Alpengärtlein schickt. Der sonnenverwöhnte Bergsee zu Füßen des Watzmanns lohnt zu jeder Jahreszeit einen ausgiebigen Boxenstopp.

EINKEHRTIPP IN BERCHTESGADEN

Café Grassl – der Tortenmacher von Berchtesgaden – in der Maximilianstraße 15 im Herzen von Berchtesgaden, Tel.: 08652/22 80. Sie glauben gar nicht, was es dort an Kuchenauswahl zu probieren gibt!

TEGERNSEE & BERCHTESGADENER LAND

Zahlreiche berühmte Landschaftsmaler kamen und kommen bis heute, um ihn und seine Stimmungen zu verewigen. Im Gasthof Auzinger direkt am See bildeten sie eine weithin bekannte Malerkolonie, weitere prächtige Cafés und Biergärten entlang des Ufers bieten ebenfalls einen erlebenswerten Einkehrschwung.

Über Antenbichl und das nicht minder malerisch gelegene Ramsau erreichen wir dann die von Felsgipfeln eingefasste Perle des Berchtesgadener Landes. »Und da Herrgott hat g'lacht, wia Berchtesgad'n hat g'macht«, sagen die Einheimischen – und wahrlich, es ist etwas dran. Gönnen Sie sich unbedingt einen Rundgang durch den historischen Kern Berchtesgadens – von der breiten Einfallstraße aus links oben am Berg gelegen.

Und der Blick auf den geheimnisvollen Königssee ist natürlich ebenso Pflicht einer jeden Reise durch diese Region. Allerdings ist der See auch für Biker nur zu Fuß erreichbar, denn ein riesiger gebührenpflichtiger Parkplatz sammelt bereits weit vorher auch alle

Anhalter: So manch bayerisches Rindvieh würde wohl gerne mitfahren.

TOUR 4

Deutschlands höchste Panoramastraße: Das Rossfeld mit Blick gen Norden.

Motorräder ein. Die dürfen dort allerdings stellenweise kostenfrei parken. Haben Sie vielleicht Lust auf eine geheimnisvolle Bootsfahrt? Der Königssee ist das berühmteste Highlight des Berchtesgadener Landes – und wohl auch sein Geheimnisvollstes. Wenngleich perfekt vermarktet, hat der See eine Anziehungskraft, der man sich nicht entziehen sollte. Der heutzutage immerhin sauberste Bergsee Deutschlands entstand in einer bereits vor der Eiszeit gebildeten Senke, die dann durch mächtige Gletscherströme mehr und mehr vertieft wurde. Das Echo an der Echowand des Sees ist weltberühmt und aufgrund der speziellen Felsformationen längst kein echtes Geheimnis mehr. Die 1688 auf unerklärliche Weise auf dem See verschwundenen 71 Wallfahrer aus dem österreichischen Maria Alm hingegen schon eher. Sie hat der See bis heute nicht freigegeben. Den Käfer-Fahrer, der am 19. Januar 1964 den zugefrorenen See mit seinem Auto unerlaubt überquerte und auf der Rückfahrt von St. Bartholomä plötzlich verschwand, konnte man 1997 mit Hilfe eines U-Bootes in 120 m Tiefe entdecken. Und dass im See riesige, über 1 m lange und bis zu 55 Pfund schwere Forellen leben sollen, das mag zwar kein Angler glauben, Rudi Amort, der einzige Berufsfischer auf dem Königssee, kann es aber beweisen. Er hat seinen Sensationsfang ausgestopft und an die Wand seines Wirtshauses genagelt. Mein Tipp

---

MEHR ALS NUR EIN FABELWESEN?

Der Tatzelwurm gilt als kleiner, aber nicht minder gefährlicher Verwandter des Drachen und soll im Alpenraum beheimatet sein. Der Sage nach wird er bis zu zwei Meter lang und lebt in Felshöhlen. Sein Attribut »feurig« hat er von der Tatsache, dass sein Atem Sand zu Glas werden lässt, eine Tatsache, die physikalisch nur unter enormer Hitzeeinwirkung geschehen kann. Auch die Fortpflanzung der Tatzelwürmer soll ein echtes Wunder der Natur sein: Wenn ein ganz normaler Dorfhahn eines Tages ein schwarzes Ei legt und man dies sofort in einen warmen See gibt, wo es von der Sonne ausgebrütet werden kann, dann – und nur dann – soll aus eben diesem schwarzen Ei ein Tatzelwurm schlüpfen.

Viktor von Scheffel, berühmter schwäbischer Volksdichter, verewigte das Ungetier in einem Gedicht, und die renommierte »Berliner Illustrierte Zeitung«, Deutschlands erstes Massenblatt (inzwischen Beilage der Berliner Morgenpost), veröffentlichte im April 1934 unter der Schlagzeile »**Rätselhafte Begegnung im Hochgebirge: Der Tatzelwurm zum ersten Male fotografiert?**« ein Sensationsbild dieses überaus fotoscheuen Gesellen. Bis heute ist es das einzige Foto des Ungeheuers. Falls er also Ihnen auf dieser Tour begegnen sollte, machen Sie bitte unbedingt ein Bild und schicken Sie es mir. Ich werde es veröffentlichen – versprochen!

TEGERNSEE & BERCHTESGADENER LAND

für echten Königssee-Genuss: eine Bootsfahrt mit der Bayerischen Seenschifffahrt über den See. Toll!! (Infos unter: www.koenigssee.com, www.bayerische-seenschifffahrt.de).

Leckerbissen für Schräglagenfans

Noch einen echten Leckerbissen bietet uns zu guter Letzt Deutschlands höchste Panoramastraße, folgen wir von Berchtesgaden aus den Wegweisern zur »Rossfeld-Panoramastraße«. 1938 wurde mit dem Bau des grandiosen Finales der »Deutschen Alpenstraße« begonnen, bis 1956 dauerte ihre Fertigstellung bis auf 1600 m. 3,50 Euro kostet die Bikermaut inklusive zahlreichen Ausblicken auf Watzmann und Hagengebirge. Das an der Strecke liegende Informationszentrum »Obersalzberg« lädt Besucher zu einer Führung tief in die Geschichte krankhaften politischen Größenwahns. 1923 ließ sich Hitler hier ein Wochenendhaus errichten, 1933 wurde der Obersalzberg sogar neben Berlin zum zweiten Regierungssitz ausgebaut. Das sehenswerte Informationszentrum arbeitet inmitten historischer Umgebung die dunkelbraunen Kapitel deutscher Geschichte auf (Alle Infos unter: www.obersalzberg.de).

Spannende Bootsfahrt: Auf dem Königssee gibt es viel zu entdecken.

Den schönsten Ausblick hat man vom Scheitelpunkt der Strecke. Hier liegen der gesamte Berchtesgadener Alpenpark und das sich im Dunst der Ferne verlierende Salzachtal zu unseren Füßen und bescheren Erinnerungen fürs ganze Leben. Ganz besonders natürlich an schönen Tagen mit weiter Fernsicht – das sind Momente, in denen die Zeit für einen langen Moment stehenbleiben könnte ...

TOUR 4 IM ÜBERBLICK

Allgemeines
Das Tegernseer Tal sowie das Berchtesgadener Land sind Postkarten-Idyllen, wie sie die Natur nicht schöner gestalten konnte. Und wenngleich touristisch perfekt strukturiert, gibt es hier immer noch viel ungezwungene Ursprünglichkeit zu entdecken.

Aufgepasst
Bayerns berühmtester Bikertreff am Sudelfeld ist leider wohl auch Bayerns meist kontrollierter Streckenabschnitt, auf dem es die örtliche Polizeigewalt vor allem auf Motorradfahrer abgesehen hat. Es wird oft kontrolliert und viel schikaniert.

Mein Übernachtungs-Tipp am Tegernsee
Hotel-Restaurant **Am Sonnenbichl**
Sonnenbichl 1, 83707 Bad Wiessee am Tegernsee
Tel.: 08022/90730
Hotel@amsonnenbichl.de, www.amsonnenbichl.de

Mein Übernachtungs-Tipp am Königssee
Alpenhotel **Zechmeisterlehen** am Königssee
Familie Angerer
Wahlstraße 35, 83471 Schönau am Königssee
Tel.: 08652/9450
info@zechmeisterlehen.de, www.zechmeisterlehen.de

Kartenmaterial
Motorrad Powerkarten »Süddeutschland und Österreich« Blatt 6 + 7, laminierte Tourenkarten im Maßstab 1:250.000,
ISBN 978-3-937418-22-3.

Im Internet
www.berchtesgadener-land.com
www.tegernsee.com, www.ruhpolding.de
www.spitzingsee.de, www.koenigssee.com

Da geht auch Bikern das Herz auf: Vorarlberger Frühlings-Idylle.

Vorarlberger Pässe und Panoramen

Arlberg- und Flexenpass als perfektes Warm-up für die grandiose Silvretta-Hochalpenstraße

TOUR 5 VORARLBERG & TIROL

Vorarlbergs Bikerhighlight: Die Silvretta-Hochalpenstraße.

Diese Rundtour führt uns in hochalpines Gelände, ihr Scheitelpunkt liegt an der Bielerhöhe auf über 2000 Meter. Deshalb lautet mein Tipp vorab: Auf www.adac.de oder www.oeamtc.at die Befahrbarkeit, den Straßenzustand der Silvretta-Hochalpenstraße checken, bevor Sie dieses Wochenende in Tirol / Vorarlberg planen. Im quirligen Imst im Herzen Tirols liegen Start und Ziel dieser und der folgenden Rundreise. Tour 5 führt uns erst einmal gen Westen nach Vorarlberg.

Über Imsterau und Zamst pendeln wir parallel zur A 12 durch das Inntal nach Landeck, einem historisch wertvollen Städtchen am Schnittpunkt diverser Handelsstraßen, dessen Altstadt durchaus einen kleinen Rundgang lohnt. Wenn da nicht bereits St. Anton und der Arlbergpass mit verheißungsvollem Kurventanz locken würden. Deshalb flitzen wir unter Beachtung der Tempolimite – hier wird öfters mobil geblitzt – über die gut ausgebaute B 197, über Sankt Jakob und Sankt Anton hinauf zum Arlbergpass auf 1793 m. Zugegeben: Spektakulär ist er nicht, gehört aber zweifelsohne zu den Pässen, die im Lebens-Roadbook nicht fehlen sollten. So, wie der nahe liegende Flexenpass (1773 m) auf dem empfehlenswerten Abstecher nach Lech-Zürs und Warth.

Die schönste Europas

Gleich westlich von Warth liegt übrigens der in Tour 1 bereits eroberte Hochtannbergpass und bietet eine ideale Möglichkeit, das Tourenprogramm hier in den Lechtaler und Vorarlberger Alpen ordentlich auszubauen. Heute bleiben wir aber bitte »on track« Richtung Bludenz, huschen über die gut ausgebaute Talstraße durch verschlafene Wintersport-Highlights wie Klösterle und Dalaas mitten hinein in die Hauptstadt Vorarlbergs, mitten hinein in das sehenswerte Zentrum von Bludenz.

Die mittelalterlich anmutende Bergstadt zählt ganz offiziell zu den schönsten Alpenstädten Europas. Erkunden Sie doch zu Fuß die historischen Ecken der Stadt, die Tore und Mauern, ehrwürdige Bürgerhäuser, verwinkelte Gassen und romantische Laubengänge, bummeln Sie unter Altstadtlauben und prächtigen Bürgerhäusern zu Cafés, Kneipen, Res-

---

TOUR-CHECK

Land und Region: Österreich – Tirol und Vorarlberg
Empfohlener Tourenstandort: Imst in Tirol
Länge: 215 km
Schwierigkeit: mittel
Höchster Punkt: 2036 m
Beste Reisezeit: Anfang Mai - Ende Oktober

VORARLBERG & TIROL

taurants und Bars. Oder erklimmen Sie mit der Muttersbergbahn den 1400 m hoch gelegenen Hausberg der Stadt. (Alle Infos unter www.bludenz.at).

Der Insidertipp der Einheimischen

Das Brandnertal gleich südwestlich von Bludenz im Herzen des Rätikons lockt mit seinem herrlich gelegenen Lünersee, der Schesaplana und dem Brandner Gletscher vor allem die Naturliebhaber unter den Reisenden. Doch dem nicht genug: Die über 1000 Meter aufsteigende, gut ausgebaute Panoramastraße bietet mit immerhin zwölf Kehren sogar explizites Schräglagenvergnügen. Und da das Tal bis heute fast nur unter Einheimischen als Ausflugstipp gehandelt wird, gehört die Straße oftmals den echten Genießern auf zwei Rädern. Belohnt wird unser Erkundungsdrang dann vielleicht mit dem Blick auf den Lünersee, einen der schönsten Bergseen Vorarlbergs, malerisch gelegen direkt am Fuße der Schesaplana, dem mit 2964 m höchsten Berg des Rätikon. Rund um den idyllischen Bergsee führt ein gut gepflegter Wanderweg mit einer Gehzeit von ca. zwei Stunden. Und falls Ihnen die Kondition zu schaffen machen sollte, liegt gerade rechtzeitig auf halber Strecke die bewirtschaftete Lünerseealpe, eine beliebte Einkehr mit Blick auf eine herrliche Alpenflora sowie die Schesaplana von ihren schönsten Seiten. Alle Infos unter www.brand.at oder www.bergbahnen-brandnertal.at

Genug des Aufwärmens

Doch nun genug des Vorgepänkels, jetzt beginnen wir mit dem Aufstieg zum Scheitelpunkt dieser Tour, mit der Anfahrt zur prächtigen Silvretta-Hochalpenstraße. Gut 10 Euro kostet uns die Maut der Panoramastraße, das ist viel Geld. Aber am Ende dieser Tour werden auch Sie konstatieren, dass die Panoramastraße und ihre 33 Kehren plus ungezählten Kurven jeden Cent davon wert sind. Die Silvretta-Bielerhöhe ist der höchste befahrbare Pass im Montafon direkt an der Flanke des berühmten Piz Buin, des mit 3312 m höchsten Berges Vorarlbergs. Sie ist eine der echten Traumstraßen der Alpen und zudem von Juni bis Oktober ein überaus beliebter Motorrad-

treff. Restaurants laden oben auf der Passhöhe zum Einkehrschwung, das Silvrettahaus selbst gerne auch zu einer Übernachtung mit einem nicht nur für Stadtmenschen überwältigenden Sternenzelt.

Der imposante, von Felsgipfeln umrahmte Silvrettasee besitzt übrigens den höchstgelegenen Motorbootverkehr Europas, ein ganz besonderes Erlebnis. Eine Silvrettasee-Boots-

In Winters strengem Griff: Der Silvrettasee trägt oft bis in den Juni eine Eiskappe.

EINKEHRTIPP IN BLUDENZ

*Direkt im Herzen der Bludenzer Altstadt gelegen, gemütlich und lecker – das **Café Konditorei Dörflinger** in der Rathausgasse 10, A-6700 Bludenz, Tel.: +43 (0) 555/262 11 60.*

ECHTE BERGROMANTIK A LA WARTH

*Ganze 210 Einwohner zählt das romantische **Walserdorf Warth**, bezaubernd und idyllisch eingebettet zwischen seinen imposanten Hausbergen Biberkopf, Widderstein und Warther Horn. Gemütlichkeit scheint hier Trumpf zu sein, denn sowohl das vielfältige Wanderangebot, als auch die Kletter- und Tourenmöglichkeiten werden garniert mit unzähligen Einkehrmöglichkeiten in bewirtschaftete Almhütten, auf Sonnenterrassen mit Aussicht bis in die Unendlichkeit der Berge, mit zauberhaften Bergseen sowie einer wohl einzigartigen Alpenflora. Doch das Beste daran ist, das alles liegt immer noch und seit Jahren fernab des Massentourismus in völligem Einklang mit der Natur. Gönnen Sie sich und Ihrer Lieblingssozia doch auch einmal ein Bergwochenende in und um Warth. Mitgebrachter Stress und alle Hektik dieser Welt verschwinden rasch innerhalb weniger Stunden. Infos unter www.warth-schroecken.com*

TOUR 5

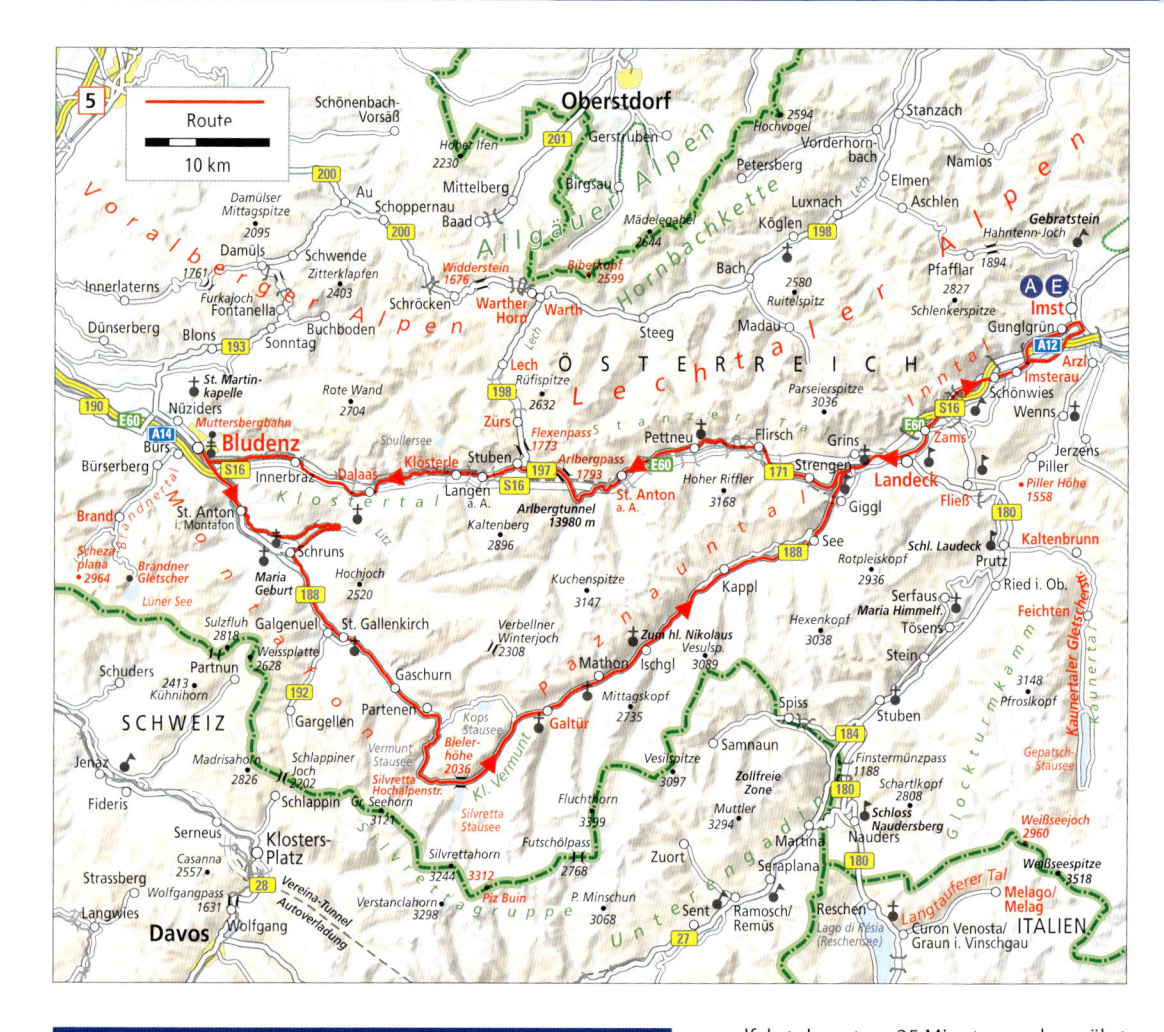

WO DER SONNENSCHUTZ ERFUNDEN WURDE

Haben Sie sich im Angesicht der Silvretta Hochalpenstraße immer schon einmal gefragt, ob der gewaltige Piz Buin und eine der bekanntesten Sonnencremes der Welt irgendwie zusammenhängen? Jawohl, der Berg war der Namensgeber jener Creme. Die Inspiration zur Entwicklung der Marke Piz Buin kam einem jungen Chemiestudenten namens Franz Greiter 1938 bei einer Bergtour an der österreichisch-schweizerischen Grenze auf eben jenen Piz Buin, bei der er sich einen schweren und äußerst schmerzhaften Sonnenbrand zuzog. In einem kleinen Kellerlabor in seinem Elternhaus entwickelte er daraufhin ein Hautpflegeprodukt zum Schutz vor diesen damals bereits unangenehmen Nebeneffekten der Sonnenstrahlung. Er nannte sein Produkt konsequenterweise »Piz Buin« und legte damit den Grundstein einer Weltmarke. Ob er fortan allerdings reich, gesund und frei von jeglichem Sonnenbrand lebte, ist nicht überliefert.

rundfahrt dauert ca. 25 Minuten und gewährt außergewöhnliche, ja einzigartige Ein- und Ausblicke auf die Bergwelt der Silvretta. Auch wer sich einmal eine Runde wandernd betätigen will, kann seinen Weg mit dem Motorboot zur oder von der Anlegestelle »Silvretta-Beach«, einem Sandstrand am Ufer des Silvrettasees, abkürzen. Das Motorboot »Silvretta« fährt von Anfang Juli bis Ende September täglich zwischen 09:00 und 16:00 Uhr, weitere Infos unter www.silvretta-bielerhoehe.at

Kurz vor dem einstmals lawinengeplagten Bergdorf Galtür mit seinen gewaltigen Schutzmauern passieren wir am späten Nachmittag wieder die Landesgrenze zu Tirol und wedeln anschließend durch das idyllische Paznauntal Richtung Osten. Falls der Tag noch

VORARLBERG & TIROL

eine Sonnenstunde übrig hat, folgen Sie doch einfach meinem »Lieblings-Abstecher« im Inntal, zweigen in Landeck rechts ab Richtung Fließ und schwingen ganz gemütlich über die Piller Höhe mit ihren 1558 m nach Arzl am Eingang des Pitztales. Als Belohnung gibt es sogar noch einige Spitzkehren zu erobern. Das macht richtig Laune für die kommenden Highlights.

Noch ein Hochgenuss zum Schluss

Ein weiterer Abstecher – für den Sie allerdings mindestens zwei Stunden einplanen sollten – beginnt noch ein wenig weiter südlich von Landeck. Hinter dem Örtchen Feichten liegt der Einstieg zur grandiosen Kaunertaler Gletscherstraße (Maut: 10 Euro) rund um den Gepatsch-Stausee. Ganze 29 Spitzkehren beschert uns diese herrliche Sackgasse mitten hinein ins Herz eines bekannten Gletscher-Skigebietes vor allem in den Zeiten, in denen die Skifans eine Zwangspause einlegen müssen. In diesem Fall von Mitte Juni bis Oktober. Die hochalpine Panoramastraße folgt in ihrer Trassenführung auf weiten Strecken historischen Pfaden, zum Beispiel dem Pilgerweg vom Wallfahrtsort Kaltenbrunn im Kaunertal über das Weißseejoch (2960 m) nach Melagg im Langtauferer Tal. Von 1961 bis 1965 wurde mit dem Gepatsch-Stausee der höchste Naturschüttdamm Europas gebaut, er fasst immerhin 140 Millionen Liter Schmelzwasser. Im Zuge dieser technischen Meisterleistung musste die Straße hinauf zur Baustelle am Gepatschhaus ausgebaut und asphaltiert werden – so entstand letztendlich die Kaunertaler Gletscherstraße. 1980 wurde die bereits als Geheimtipp gehandelte Panoramastrecke von der Staumauer bis hinauf zum Gletscher-

Schnee bis Anfang Juni: In den Höhenlagen Vorarlbergs keine Seltenheit.

Schutz gegen Urgewalten: Lawinenmauer in Galtür.

TOUR 5 IM ÜBERBLICK

Allgemeines
Tirol und Vorarlberg liegen im Zentrum der Nordalpen und bieten alle Möglichkeiten, exzessivem Kurvengenuss zu frönen. Und abends kehrt man ein in typisch österreichischer Gemütlichkeit. Das entspannt Bikers Seele porentief.

Aufgepasst
Die Silvretta-Hochalpenstraße und auch die Kaunertaler Gletscherstraße sind hochalpines Gelände, ein wenig Passerfahrung und eine sichere Beherrschung des Motorrades sollten mitgebracht werden, damit diese Tour nicht zu Stress ausartet.

Mein Übernachtungs-Tipp in Imst
Hotel-Gasthof **Hirschen** in der Imster Oberstadt, Thomas-Walch-Str. 3, A-6460 Imst
Tel.: +43 (0) 5412/69 01
info@hirschen-imst.com, www.hirschen-imst.com

Kartenmaterial
Motorrad Powerkarten »Süddeutschland und Österreich« Blatt 5 + 6, laminierte Tourenkarten im Maßstab 1:250.000, ISBN 978-3-937418-22-3.

Im Internet
www.bludenz.at, www.tirol.at, www.vorarlberg.com
www.brand.at, www.silvretta-bielerhoehe.at

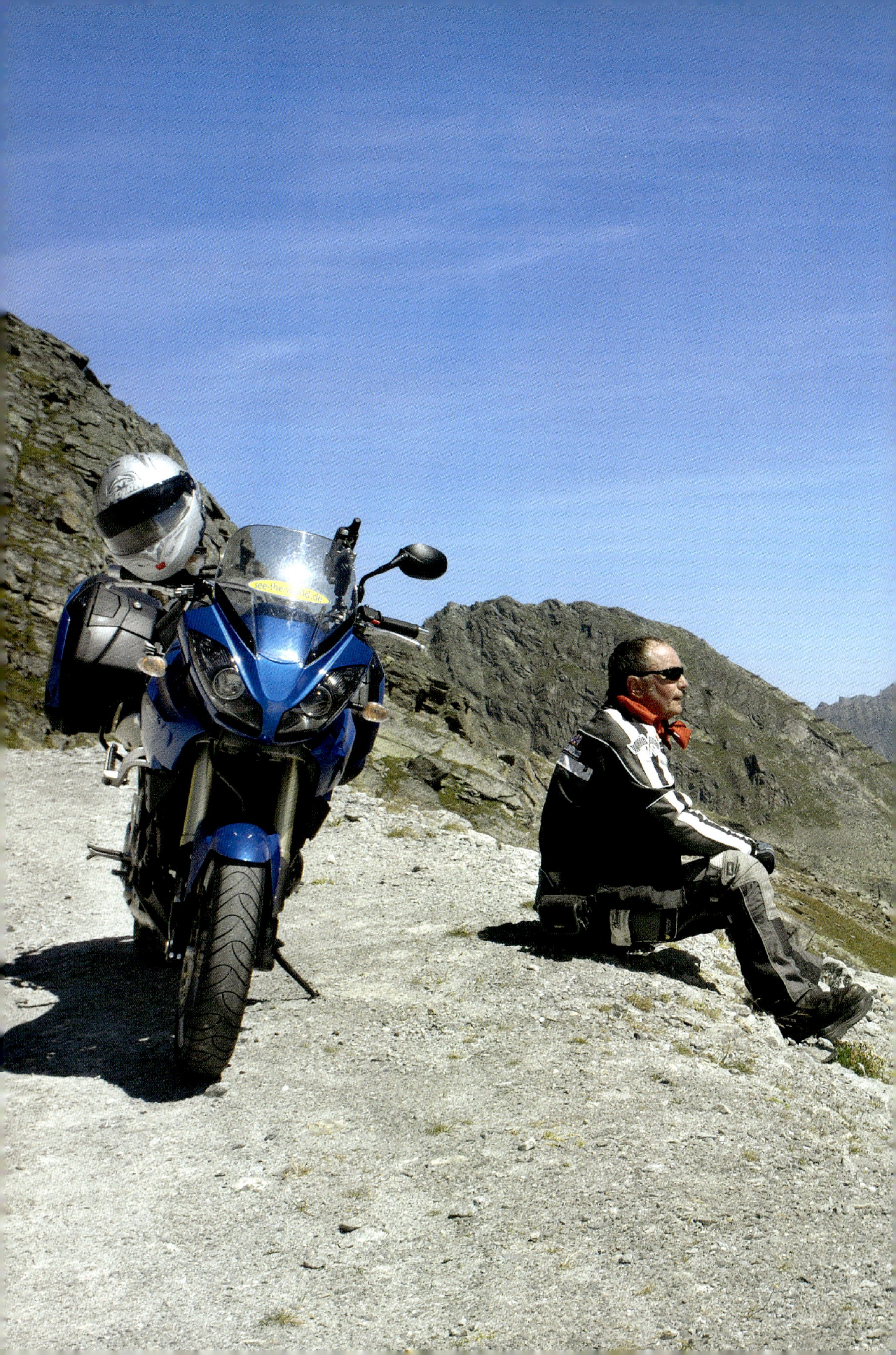

TOUR 6 TIROL

Altbekanntes neu entdeckt

Diese Tour führt über die legendäre Brenner-Timmelsjoch-Runde mit Jaufenpass und Kühtai.

*Macht die Seele weit:
Das Kurvenparadies der
Ötztaler Gletscherstraße*

Ganz große Runde: Der Jaufenpass als »Warm-up« für das Timmelsjoch.

Diese Rundtour ist sowohl für »Kilometerfresser« als auch den Genießer konzipiert. Sie besitzt so viele Abstecher-Optionen, dass ich mir bei der Zusammenstellung schon überlegt habe, sie zu teilen. Das hätte aber streckenmäßig nur mit zwei verschiedenen Tourenstandorten funktioniert, und bei dieser Runde ist es ganz besonders empfehlenswert, höchstens mit Tagesgepäck, keinesfalls aber mit Koffern und voller Beladung, zu reisen.

Lassen Sie uns einfach ganz früh am Morgen aufbrechen. Es geht von Imst aus direkt hinunter an den Inn, den wir bei Roppen queren, um via Silzer Sattel in das malerische Kühtai zu gelangen. Die ersten Spitzkehren des Tages stimmen uns ein auf das, was noch kommen wird. Der Genussfaktor des Sellraintales liegt einmal mehr in seiner landschaftlichen Pracht, der Lieblichkeit seiner verträumten, mäßig touristisch geprägten Orte fernab allen Rummels und aller Hektik. Noch eine ordentliche Portion Schräglage können wir auf dem Weg zur Scheitelhöhe des Kühtai-Sattels genießen, dann schwingt die Piste weiter Richtung Axams und Innsbruck. Die folgenden 35 Kilometer sind Kult, sie sind Pflicht und Kür zugleich und zudem gut bekannt: Die alte Brennerstraße hinauf zum wohl berühmtesten Pass der Alpen. Kennen Sie auf dieser Strecke auch bereits jede Kurve mit Vornamen? Dann lassen Sie uns doch einmal die andere Talseite erfahren: Über Patsch, Sankt Peter und Pfons geht es bergan, erst bei Matrei treffen wir wieder auf altbekanntes Terrain.

AM RANDE ERWÄHNT

Das Motorrad-Paradies Österreich in seiner gesamten Vielfalt beschreibt übrigens der Motorrad-Reiseführer »Die schönsten Motorradrouten Österreich«, ebenfalls in diesem Verlag.

TOUR-CHECK

Land und Region: Österreich, Tirol
Empfohlener Tourenstandort: Imst
Länge: 245 km
Schwierigkeit: mittel bis leicht anspruchsvoll
Höchster Punkt: 2509 m
Beste Reisezeit: Mai - Oktober

Altbekanntes neu entdecken

Seit 2500 Jahren wird der Brenner nun als Passage über den Alpen-Hauptkamm genutzt. Seit zweieinhalb Jahrtausenden ziehen Händler, Säumer, Viehhirten, Schmuggler, Abenteurer und natürlich Touristen über den mit 1371 m niedrigsten Pass der Alpen. Karl der

TIROL

Große reiste über den Brenner nach Rom, um sich vom Papst die Kaiserkrone anpassen zu lassen, Heinrich der IV. und andere berühmte Persönlichkeiten folgten ihm. Richard Strauß, Franz Lehár und Henrik Ibsen kurierten hier am Brenner ihre Zipperlein – meistens sogar mit Erfolg.

Bereits seit der Antike sind die Heilquellen des Brennerbades bekannt und wurden genutzt, doch erst im Jahr 1338 wird das Heilbad erstmals urkundlich erwähnt. Trotz widriger äußerer Umstände – die Quellen wurden mehrmals von Lawinen und Muren verschüttet – gaben sich im Laufe der Jahrhunderte eine Vielzahl adeliger und/oder berühmter Persönlichkeiten sozusagen kurend die Klinke in die Hand, erhofften sich Linderung ihrer Schmerzen und Gebrechen. Herzog Sigmund von Tirol mit Eleonore von Schottland, aber auch oben bereits erwähnte große Komponisten und Schriftsteller stehen auf der überlieferten Gästeliste.

Das Thermalwasser des Brennerbades stammt aus einer Tiefe von mehr als 1000 m und nimmt bei seinem Weg an die Oberfläche jene wichtigen Eigenschaften an, die es so heilsam machen. Es besitzt eine nahezu konstante Temperatur von 22° C, eine eher seltene Mischung aus Calcium, Magnesium, Natrium, Kalium, Sulfaten, Kohlensäure und Spurenelementen sowie signifikanten Mengen an Brom und Jod. Ganz offiziell ist das Wasser der Sanct-Zacharias-Heilquelle von Brennerbad seit Jahren als Thermalwasser eingestuft, seine heilende Wirkung kann in Form von Trink- und Badekuren sowie als Aerosoltherapie genossen werden. Weitere Infos auch unter www.termedibrennero.it

Schauen Sie doch mal

Haben Sie eigentlich schon einmal einen Blick auf die Landkarte der Brennerregion geworfen? Wenn nicht, dann sollten Sie das unbedingt einmal machen. Denn rechts und links der alten Brennerstraße liegen wunderschöne, höchst sehens- und erlebenswerte Sackgassen hinauf in oftmals noch einsame Hochtäler. Dem touristisch erschlossenen Stubaital folgen die eher unbekannten Täler von Gschnitz, Navis, Schmirn und Vals auf der Brenner-Nordseite – allesamt fahrerische und landschaftliche Genüsse, die Sie sich unbedingt einmal gönnen sollten.

Und südlich des Passes liegen Ridnaun- und Ratschings-Tal sowie das Pfitscher Tal, landschaftlich ebenso prächtig und bereits gesegnet mit einem deutlichen Hauch italienischem »Dolce far niente«. Ein Genuss für alle Sinne!

Nach einem erfrischenden Boxenstopp in Sterzing folgen wir der Beschilderung zum Jaufenpass, dem mehr als perfekten »Warm-up« für das anschließende Highlight Timmelsjoch. Unterhalb der unscheinbaren Passhöhe befindet sich in einer Applauskurve der Berggasthof **Jaufenhaus**, der vor allem an den Wochenenden fest in Bikerhand ist. Auf der Passhöhe selbst liegen eine Imbissbude mit obligatorischem Andenkenverkauf sowie einige

Bikers Heaven: Das Timmelsjoch – hier die Mautstelle auf österreichischer Seite.

Hilft gegen Verspannungen: Murmeltiersalbe vom Jaufenpass.

EINKEHRTIPPS IN MATREI

*Restaurant – Hotel **Krone** mit herrlich gelegenem Biergarten, Bikertreff und Grillabenden in der Brennerstr. 54-56, A-6143 Matrei, Tel.: +43 (0) 5273/62 28, www.krone-matrei.at*

*Das Traditions-Gasthaus **Gasthof Lamm** mit typisch Tiroler Küche, Brennerstr. 36, A-6143 Matrei, Tel.: +43 (0) 5273/62 21, www.gasthoflamm.at*

TOUR 6

Meter weiter ein winziges Gasthaus mit freiem Blick auf das Passeier Tal und die vor uns liegenden Kurvengenüsse. Der große Parkplatz ist der zentrale Treff des Jaufenpasses, die dort bereits seit Jahrzehnten verkaufte Murmeltiersalbe soll sogar gegen Rheuma und Verspannungen in Motorradfahrers Gliedern wahre Wunder wirken.

Auf der Südwestseite schwingt sich die Pass-Straße in weiten Bögen und Serpentinen hinab nach Sankt Leonhard im Passeier. Die

EINKEHRTIPP IN STERZING

Das schönste **Bistro** von Sterzing gibt es im Hotel **Lilie** in der Neustadt 49, I-39049 Sterzing, Tel.: +39 (0) 472/76 00 63, www.hotellilie.it Mit eigener Konditorei – echt lecker!

Ausblicke auf die umliegenden Gipfel von Hoher Kreuzspitze im Westen und Corno Bianco sind nicht nur für Stadtmenschen wahrlich grandios und verführen dazu, bergab ein gemütliches Reisetempo zu wählen. Im hübschen Bergdorf Sankt Leonhard bieten sich zahlreiche Gasthöfe und Cafés als mittäglicher Boxenstopp an, bevor wir uns dann rechts hinauf zum Timmelsjoch wagen.

Die Hohe Schule ist gefordert

Das Timmelsjoch verlangt zweifellos eine satte Portion Kenntnis in der Hohen Schule des Passfahrens. Es ist kein Trainingsgelände für absolute Führerschein-Neulinge. Die Fahrt über das 2500 m hohe Joch bleibt nur dann ein wahrlich unvergessliches Erlebnis, wenn wir diese Pass-Straße ohne Stress bewältigen.

TIROL

Die Grundvoraussetzungen dafür sind gegeben: Auf italienischer Seite seit einiger Zeit und wohl unbefristet ist die Strecke für Kraftfahrzeuge über 8 t, für Anhänger-Gespanne und Busse gesperrt. Das heißt, diese Straße gehört uns Bikern und den normalen Pkws. Und das ist sicherlich einer der unbestrittenen Reize des Timmelsjochs. Die Südrampe vom Passeiertal herauf war übrigens bereits unter Mussolini ab 1933 bis 2 km vor das Joch gebaut worden, doch dann wurden die weiteren Arbeiten aus politischen Gründen eingestellt. Und es sollte immerhin bis zum September 1968 dauern, bis die Straßenverbindung über das Timmelsjoch in beide Richtungen offiziell freigegeben werden konnte.

Hinter der eher unscheinbaren Passhöhe wedeln wir hinab zur Mautstelle auf österreichischer Seite. Gemütlich geht es dann auf gut ausgebauter Strecke Richtung Zwieselstein. Wer nun von Kurvenhatz noch nicht genug bekommen hat, dem empfehle ich den Abstecher hinauf zur berühmten Ötztaler Gletscherstraße. Gleich hinter dem Zentrum von Zwieselstein geht es links ab.

Im Eis der ewigen Gletscher

Die Ötztaler Gletscherstraße führt auf immerhin satte 2800 Höhenmeter und damit in hochalpines Gelände. Das Gletscherskigebiet rund um den Rettenbachferner ist im Hochsommer geschlossen, damit entfallen automatisch die Massen an Skitouristen, die das Gebiet ansonsten zu einem der beliebtesten der gesamten Region machen. Gönnen Sie sich diese herrlich aussichtsreiche Strecke an einem sonnigen Wochentag im Sommer vor oder nach der Hauptreisezeit. Dann haben Sie die Strecke mit ihren bis zu 13 % Steigung oftmals nahezu für sich allein. Die Straßenverbindung vom Rettenbach- zum Tiefenbachgletscher führt durch den Rosi-Mittermeier-Tunnel, den immerhin höchst gelegenen Straßentunnel Europas. Alle Infos unter www.soelden.com – Rubrik »Aktivitäten«.

In Oetz am Ende des gleichnamigen Tales wenden wir uns gen Norden, queren im letzten Licht des Tages den Inn und erreichen unseren Ausgangspunkt in Imst.

Echt legendär: Den Brennerpass kennt wohl beinahe jeder Motorradfahrer.

TOUR 6 IM ÜBERBLICK

Allgemeines
Brenner- und Jaufenpass sowie das Timmelsjoch – diese Runde gehört vor allem an Sommerwochenenden zum Standard-, ja Pflichtrepertoire österreichischer und Südtiroler Motorradfahrer. Und die aussichtsreichen Passhöhen werden dann kurzerhand zu Multi-Kulti-Bikertreffs deklariert, auf denen man herrlich »Benzin« reden kann.

Aufgepasst
Das Timmelsjoch erfordert alpine Erfahrung im Umgang mit dem Motorrad, die Südrampe des Brenners ist äußerst beliebt bei Südtiroler Radarpistolen.

Mein Übernachtungs-Tipp in Imst
Hotel-Gasthof **Hirschen** in der Imster Oberstadt, Thomas-Walch-Str. 3, A-6460 Imst
Tel.: +43 (0) 5412/69 01
info@hirschen-imst.com, www.hirschen-imst.com

Kartenmaterial
Motorrad Powerkarten »Süddeutschland und Österreich« Blatt 5 + 6, laminierte Tourenkarten im Maßstab 1:250.000, ISBN 978-3-937418-22-3.

Im Internet
www.matrei-brenner.tirol.gv.at, www.sterzing.com
www.oetztal.com, www.termedibrennero.it,
www.soelden.at

Einstmals gefährliches Gebiet: Die Hohen Tauern haben eine wechselvolle Geschichte.

TOUR 7 OSTTIROL

Der Großglockner – Pflicht und Kür zugleich

Willkommen im »Bikers Heaven«: die Großglockner-Hochalpenstraße in Kombination mit dem Felbertauern

Genuss von Anfang an: Bereits der Aufstieg zur Hochalpenstraße macht richtig Laune.

D iese Rundtour gehört zu meinem persönlichen und alljährlichen Pflichtprogramm, sie ist ebenso entspannend und gemütlich wie fordernd und atemberaubend. Denn sie führt uns in das Sagenreich der Hohen Tauern, der Goldberge, wie sie einstmals genannt wurden. Und sie führt über die wohl motorradfreundlichste Panoramastraße der gesamten Alpen, das Bikerparadies schlechthin: die Großglockner-Hochalpenstraße. Doch auch der Rest dieser Rundtour ist überaus reich an Eindrücken und Ausblicken. Starten wir den Motor im hübschen Osttiroler Städtchen Lienz am südlichen Fuß des Großglockners. Die Hauptstadt Osttirols weist statistisch nicht nur die meisten Sonnenstunden Österreichs auf, in Kombination mit ihrer nachweislich sauberen Luft scheint sie sogar lebensverlängernde Wirkung zu besitzen, liegt die Lebenserwartung der Einwohner doch deutlich über dem landesweiten Durchschnitt. Ein ganzjährig voller Veranstaltungskalender und die Gastfreundlichkeit der Lienzer machen die Stadt am Zusammenfluss von Isel und Drau zu einem optimalen Ausgangspunkt unserer Rundtouren 7 und 8.

Rasch geht's zur Sache

Gleich hinter der östlichen Stadtgrenze geht es dann bereits zur Sache. Über Nussdorf und Iselsberg am gleichnamigen Pass (1208 m) schwingen wir durch Mörtschach und Großkirchheim zum Südeinstieg in die Großglockner-Hochalpenstraße. Sie zählt nicht nur zu den Klassikern, sondern auch heutzutage noch zu den absoluten Highlights aller Motorradstrecken Österreichs, ja ich möchte sogar behaupten, der gesamten Alpenregion. Und es gehört zweifelsohne zum Pflichtprogramm eines jeden Bikerlebens, mindestens einmal genussvoll die Großglockner-Hochalpenstraße erobert zu haben.

Im Herbst 1924 begannen die Planungen für eine drei Meter breite Straße, mit Ausweichstellen auf Sichtweite und einer Höchststeigung von 12 bis 14 % sowie einer einfa-

---

TOUR-CHECK

Land und Region: Österreich, Osttirol
Empfohlener Tourenstandort: Lienz
Länge: 205 km
Schwierigkeit: mittel
Höchster Punkt: 2570 m
Beste Reisezeit: Mai - Oktober

OSTTIROL

chen Schotterdecke zum Preis von damals drei Millionen Schilling (ca. 6,5 Millionen Euro). Ganze 11 Jahre später am 3. August 1935 wurde die Großglockner-Hochalpenstraße feierlich eröffnet. In 26 Baumonaten wurden 870 000 Kubikmeter Erde und Fels bewegt, 115 750 Kubikmeter Mauerwerk geschaffen, 67 Brücken gebaut und ein Straßentelefon mit 24 Sprechstellen installiert. 3200 Arbeiter leisteten 1,8 Millionen Arbeitsschichten. Die Gesamtbaukosten beliefen sich allerdings bei Endabrechnung 1936 auf umgerechnet satte 54 Millionen Euro – auch damals schon waren Kostenüberschreitungen im Baugewerbe anscheinend gang und gäbe.

1400 Höhenmeter müssen mehrmals in zahlreichen Ups and Downs auf gut 50 Kilometern Länge bewältigt werden. Der höchste Punkt der Straße liegt auf immerhin 2571 m. Doch das für uns wohl beste Argument ist ihre explizite Motorradfreundlichkeit. Denn wir Biker stellen heutzutage die zahlenmäßig größte Besuchergruppe dar. Dementsprechend »bikerfreundlich« ausgebaut mit Treffpunkten, Info-Terminals, Biker-Unterkünften und sogar Biker-Safes für die Unterbringung von Helm und Ausrüstung präsentiert sich die Großglockner-Hochalpenstraße. Alle Infos unter www.grossglockner.at

Höher geht's nimmer: Die Edelweißspitze ist historischer Boden.

Kombitickets lautet der wichtigste Tipp

Und hier an der Mautstelle der Panoramastraße bitte aufgepasst: Buchen Sie das Rundfahrt-Ticket, es beinhaltet auch die Felbertauernstraße, die wir uns am Nachmittag dieses Tages gönnen werden. Gleich nach Passieren der Mautstelle erwartet uns bereits das erste

EINKEHRTIPP IN ZELL AM SEE

Die **Brasserie Traube**, eine urgemütliche Bar mit Café in einem historischen Gewölbe in der Seegasse 4, A-5700 Zell am See; Tel.: +43 (0) 6542/723 68, www.hotel-traube.com

Er gab ihr seinen Namen: Der Großglockner mit seiner Pasterze zu Füßen.

TOUR 7

Reich gesegnete Natur: Wasser spielte immer eine große Rolle in den Hohen Tauern.

Highlight: Im Bergdorf Heiligenblut liegen all diejenigen begraben, die Großglockner und Pasterze, die Berg und Gletscher bezwingen wollten und dabei gescheitert sind. Es waren ziemlich viele im Laufe der Jahrhunderte.

Doch nicht nur auf die Gipfel zog es die Menschen. Die zum Teil vergletscherten Goldberge, wie die Tauern hier genannt wurden, waren zu Zeiten des Goldrausches das Ziel Tausender Abenteurer, die mit oftmals primitivsten Mitteln lebensgefährliche Stollen in den Fels trieben, das Gestein auf mächtigen Rutschen hinab ins Tal beförderten, wo es mit gewaltigen, von Wasserkraft angetriebenen Holzstempeln zerkleinert wurde. Nur wenige Bergleute sind wirklich reich geworden, viele aber ließen hier oben ihr Leben auf der Suche nach dem Gold.

Apropos Gletscher: Drei Spitzkehren weiter zweigt links die Sackgasse zur Franz-Josephs-Höhe ab. Dieser bitte unbedingt folgen, denn der Blick auf Berg und Gletscher ist grandios. Im angrenzenden Besucherzentrum gibt es hochinteressante Fakten zum Großglockner und der Pasterze, dem mit noch ca. 20 Quadratkilometern Fläche größten Gletscher der Ostalpen. Bitte fotografieren, denn sein Schicksal ist ungewiss.

EINKEHRTIPPS IN KALS AM GROßGLOCKNER

Der Traditions-Gasthof **Ködnitzhof** von Magda und Hans Werner mit über 80-jähriger Geschichte, Ködnitz 16, A-9981 Kals am Großglockner, Tel.: +43 (0) 4876/82 01, www.koednitzhof.at

Das **Kalser Kaffeehaus** von Siegfried Oberlohr direkt im Zentrum des Ortes, Ködnitz 19, A-9981 Kals am Großglockner, Tel.: +43 (0) 4876/82 07, www.kals.at/kk.kals

OSTTIROL

Im Dämonenland

»Dort oben ist das Gebiet, in dem die Dämonen hausen. Mit knatterndem Steinschlag und stäubenden Lawinen bedrohen sie jeden Sterblichen, der sich in ihre Welt hinaufwagt.«

Alte Chroniken aus dem Mittelalter warnen eindringlich davor, in die unwirtlichen Gegenden um Österreichs höchsten Berg, den Großglockner, vorzudringen. Dass das Gebiet in alten Zeiten tatsächlich bedrohlich und auch lebensgefährlich war – und heute noch abseits der befestigten Straßen und Wege sein kann –, davon berichten nicht nur Landschaftsbezeichnungen, wie Elendboden oder Beindlkar, sondern auch immer wieder die Schlagzeilen unserer Tage. Steinschlag, Lawinen, plötzliche Wintereinbrüche mitten im Hochsommer, all das sind Naturgegebenheiten, mit denen die Menschen in den Hohen Tauern rund um Großglockner und Großvenediger seit Jahrhunderten umzugehen haben. Bereits 1910 forderten Naturschutzorganisationen die Errichtung eines Naturschutzreservates in den Alpen. Am 1. Januar 1992 trat das Tiroler Nationalparkgesetz »Hohe Tauern« in Kraft, der mit 1800 km² größte Nationalpark Mitteleuropas ward geboren. Seine Kernzone ist bis heute eine von Menschenhand völlig unberührte Landschaft, in der wir höchstens als Wanderer tageweise zu Gast sein dürfen. In den sogenannten Außenzonen konnte sich hingegen eine einzigartige Bergbauern-Kulturlandschaft etablieren, die auch heutzutage noch im Einklang mit der Natur und den Jahreszeiten lebt. Die Winter verbringen die Bauern in den Tälern, die Bergsommer mitsamt ihren Tieren auf den Almen. Gut ein Drittel der Gesamtfläche des Nationalparks Hohe Tauern gehört zu Osttirol, davon liegen rund 350 km²

OSTTIROL – LAND DER SUPERLATIVE

Osttirol besitzt
- *die größte Durchschnittshöhe Österreichs (2050 m)*
- *die meisten Wasserfälle Österreichs*
- *den höchsten Berg Österreichs (Großglockner, 3798 m)*
- *ebenso wie den vierthöchsten Berg Österreichs (Großvenediger, 3674 m)*
- *den größten zusammenhängenden Zirbelkieferbestand Europas (Defereggental)*
- *die Stadt mit den meisten Sonnenstunden Österreichs (Lienz) und*
- *den letzten Nachtwächter Österreichs in Obertilliach.*

Einsame Idylle: Viele Pisten im Virgental gehören uns allein.

TOUR 7

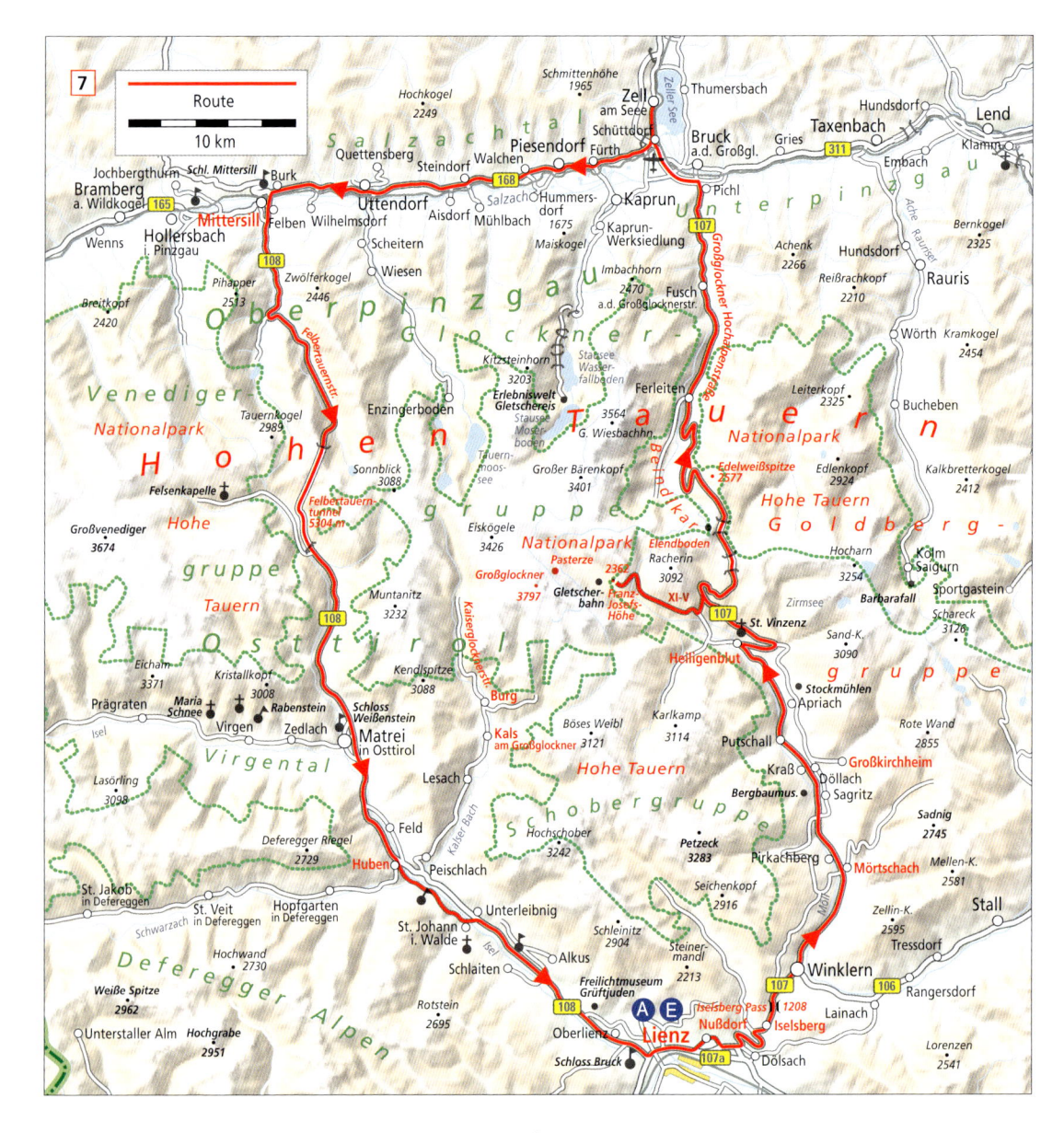

in der Kernzone, weitere 260 km² in den Außenzonen. Das restliche Gebiet teilen sich Salzburg und Kärnten. Alle Infos unter www.hohetauern.at

Ein prächtiges Kurvengemenge führt uns weiter über das Hochtor zur Edelweißspitze, dem höchsten befahrbaren Punkt der Panoramastraße. Auf historischem Kopfsteinpflaster erklimmen wir die letzten Höhenmeter, bevor uns ein großer Parkplatz und beliebter Bikertreff empfängt. Unzählige Dreitausender und Gletscher liegen zum Greifen nahe vor uns. Und ganz in der Ferne strahlt der Gipfel des Großglockners herüber, immerhin Österreichs höchster Berg. Seinen Namen verdankt er übrigens dem Donnern des Steinschlags, das in alten Zeiten als »Klocken« bezeichnet wurde.

Erst ein-, dann umkehren

Noch einmal geht es hinein in ein herrliches Sammelsurium aus Rechts- und Links-Kombinationen, bevor die Hochalpenstraße an den

OSTTIROL

Südhängen des angrenzenden Salzachtales auspendelt. Jetzt empfehle ich einen »leckeren« Einkehrschwung im hübschen Zell am See, damit Leib und Seele diesen Tourentag genießen können.

Zwei Alternativen stehen für die Rückfahrt parat: Der Weg retour über die Großglocknerstraße – diesmal aus anderer Richtung mit gänzlich anderen Eindrücken. Oder wir folgen der Salzach flussaufwärts nach Mittersill, dort heißt es den Blinker links gesetzt und das Kombiticket von heute Morgen bereithalten für die gemütliche Spazierfahrt über die Felbertauernstraße. Dazu geht es zunächst einmal allerdings durch den 5 km langen Felbertauerntunnel, dessen Südportal uns dann endlich in die sonnenverwöhnte Hochgebirgslandschaft Osttirols entlässt. Dreispurig ausgebaut geht es hinauf auf gut 1650 Höhenmeter und durch die grandiosen Alpenpanoramen der Hohen Tauern ganz gemütlich bergab zu unserem Ausgangspunkt in Lienz. Doch halt: Falls Sie noch Zeit und Lust auf einen lohnenden Abstecher haben, setzen Sie bitte im Bergdorf Huben den Blinker links und folgen der Beschilderung nach Kals am Großglockner.

Prachtvolle Lärchenwälder säumen den Weg über eine gut ausgebaute Straße bergan. Erst nach gut zehn Kilometern öffnet sich der Wald, und eine Handvoll wunderschöner Bergbauernhöfe drapiert sich malerisch in einem weiten Hochtal. Vom Kalser Ortsteil Burg führt uns sodann die mautpflichtige Kalser Glocknerstraße von Südwesten an Österreichs höchsten Berg heran. Dreieinhalb Euro Maut für sieben Kilometer Piste und 600 Höhenmeter – eine Investition, die sich zweifelsohne lohnt. Und ganz am Ende der Straße empfängt uns das **Lucknerhaus** mit Einkehrmöglichkeit und einem grandiosen Großglocknerblick.

Quirlig und bunt: Das historische Zentrum von Lienz.

TOUR 7 IM ÜBERBLICK

Allgemeines
Ein überschaubarer, einladender Noch-immer-Geheimtipp mitten im Herzen Europas, der sich selbst gerne als das »Nepal von Österreich« bezeichnet – das ist Osttirol. Die erlebenswerte Weite seiner Pässe und Panoramastraßen lädt ein zum Durchatmen, die schattige Kühle seiner Täler erfrischt nicht nur an Sommertagen, die quirligen Städte und Bergdörfer sowie ihre Menschen definieren den Begriff »Gastfreundschaft« neu.

Aufgepasst
Fahrerisch durchaus anspruchsvoll ist die Großglockner Hochalpenstraße in ihren Gipfelregionen rund um die Edelweißspitze, ein Genuss auch für Neulinge hingegen der Rest der Runde.

Mein Übernachtungs-Tipp in Lienz
*Der Gasthof **Brauhaus Falkenstein** mit eigener Brauerei und leckerem »Falkensteiner Zwickl« – auch im Zimmerservice!*
Pustertalerstr. 40, A-9900 Lienz
Tel.: +43 (0) 4852/622 70
artur@brauereiwirt.at, www.brauereiwirt.at

Kartenmaterial
Motorrad Powerkarten »Süddeutschland und Österreich« Blatt 6 + 7, laminierte Tourenkarten im Maßstab 1:250.000, ISBN 978-3-937418-22-3.

Im Internet
www.zellamsee.at, www.kals.at,
www.lienz-tourismus.at, www.lucknerhaus.at
www.grossglockner.at, www.hohetauern.at

TOUR 8

Bestimmt gebaut von Bikern: Die Straßen des Defereggentales.

OSTTIROL & DOLOMITEN

Osttirol fernab aller Hektik

Diese Tour offenbart uns die unbekannten Osttiroler Highlights mit Virgen- und Defereggental sowie dem Staller Sattel als »Tor zu den Dolomiten«.

Die Dolomiten warten schon: Am Staller Sattel kann man sie bereits spüren.

Die zweite Rundtour in Osttirol, dem »Nepal Österreichs«, führt uns zu den weiteren landschaftlichen und fahrerischen Schätzen dieser Region, die vor der Übermacht des Großglockners regelmäßig verblassen. Das aber ist einerseits zwar ungerecht, es stellt andererseits aber auch den großen Vorteil dieser Runde dar. Wir besuchen idyllische Alpentäler, queren richtige Pässe und genießen einen ganzen langen Motorradtag in einer Welt, in der Hektik und rote Ampeln noch niemals Einlass fanden. Und Kohorten von Reisebussen, Wohnmobilen oder Touri-Pkw brauchen wir auf dieser Runde – ganz im Gegensatz zum Sommer am Großglockner – auch nicht zu befürchten.

Besuch in einer anderen Welt

Von Lienz aus geht es nach einem gemütlichen Frühstück zunächst einmal einige Vortagskilometer Richtung Felbertauernstraße retour nach Huben. Bevor wir hier aber in das malerische Defereggental abbiegen, lassen Sie uns vorher noch den Tagesbeginn im nahe liegenden Virgental erleben. Es ist bis heute meine unumstößliche Überzeugung, dass die Straßenbauer des Virgentales ebenfalls Motorradfahrer mit Leib und Seele sein müssen! In wahrlich perfekten Rechts-Links-Kombinationen schlängelt sich die Talstraße über sehenswerte Bergdörfer, wie Virgen und Prägraten, vorbei an mächtigen Gehöften auf einsamen Almen sowie den überwältigenden Charme einstmals grenzenloser Abgeschiedenheit. Dann plötzlich in Hinterbichl ist Schluss, das Ende des Hochtales ist erreicht. Absteigen, ins Gras setzen und ein wenig die Seele baumeln lassen ist angesagt. Das ist

---

TOUR-CHECK

Land und Region: Österreich - Osttirol
Empfohlener Tourenstandort: Lienz
Länge: 215 km
Schwierigkeit: leicht bis mittel
Höchster Punkt: 2055 m
Beste Reisezeit: Anfang Mai - Ende Oktober

OSTTIROL & DOLOMITEN

Genuss für alle unsere Sinne. Und in der Ferne grüßen die Osttiroler Dolomiten zu uns herüber. Toll!

Auch die Strecke durch das herrliche Defereggental ist ein fahrerischer Hochgenuss. Die Ortschaften rechts und links des Lenkers sind touristisch gut erschlossen, haben sich aber ihren ganz eigenen Charme bewahren können.

Wie kam das Boot auf den Berg?

Nur ganz allmählich steigt die Straße hinauf Richtung Staller Sattel. Er verbindet Osttirol mit dem Pustertal, seine Scheitelhöhe liegt auf einem weiten Hochplateau auf 2052 m und bildet gleichzeitig die Grenze zwischen Österreich und Italien. Eine landschaftliche Perle dieses Plateaus ist der geheimnisvolle, weil bis heute wohl nicht vollständig ergründete Obersee, in dem vor einigen Jahren sogar der höchstgelegene Schiffsfund Europas gemacht wurde.

Gerüchte darüber gab es anscheinend schon lange, und Taucher der Wasserrettung aus Lienz wollten ihn schon schemenhaft gesehen haben – jenen geheimnisvollen Einbaum aus dem Obersee. Doch erst eine wissenschaftliche Tauchexpedition 1999 brachte die Gewissheit, dass der geheimnisvolle Bergsee bereits vor über eintausend Jahren befischt wurde. Gut acht Meter tief liegt der recht gut erhaltene Einbaum unter der Wasseroberfläche an einem steil abfallenden Felshang. Drei Meter lang und mannsbreit stammt er nach den Untersuchungen der Universität Innsbruck eindeutig aus dieser Region. Was letztendlich wohl kaum jemanden so richtig verwunderte, da andere Spuren an den umliegenden Berghängen bewiesen, dass der Staller Sattel bereits vor 8000 Jahren von Jägern zumindest regelmäßig überquert wurde.

Dennoch begeisterte der Einbaum vom Obersee die Wissenschaft nachhaltig, zumal es sich hiermit um den höchstgelegenen Schiffsfund Europas handelte, der die Fantasie der Menschen über die Lebensumstände längst vergangener Tage erneut mehr als beflügelte. Alle Infos dazu gibt es unter www.defereggental.eu.

Genüssliche Zwangspause

Das Alpengasthaus **Obersehütte** lädt Biker wie Wanderer zur Einkehr und Rast. Zum Beispiel auch, um die Wartezeit bis zur Weiterfahrt Richtung Antholz zu überbrücken. Denn auf italienischer Seite besteht aufgrund der nur einspurigen Straßenbreite eine ampelgesteuerte Einbahnregelung sowie ein Verkehrsverbot für Wohnwagen und Busse. Den Nachteil einer Wartezeit an der Ampel gleicht die Tatsache, dass wir die schöne Strecke einzig mit einigen Pkw teilen müssen, wohl mehr als aus. Die Fahrt vom Obersee hinunter ins Pustertal ist jeweils von der 0. bis zur 15. Minute, die Fahrt vom Antholzer See hinauf Richtung Österreich jeweils von der 30. bis zur 45. Minute einer jeden Stunde möglich. Immer wieder im Gespräch ist auch eine Mautpflicht für den Staller Sattel. Bei Redaktionsschluss dieses Buches bestand sie allerdings noch nicht. Hoffen wir, dass es so bleibt.

Offroad-Genuss: So manche Piste im Virgental hält Überraschungen parat.

EINKEHRTIPP IN ST. VEIT IM DEFEREGGENTAL

*Der Alpengasthof **Pichler** von Christian Pichler in herrlicher Sonnenhanglage und mit höchst gesunder Küche – auf Wunsch kocht die Chefin auch Diätgerichte. Gsaritzen 13, A-9962 St. Veit, Tel.: +43 (0) 4879/311, www.alpengasthof-pichler.at*

TOUR 8

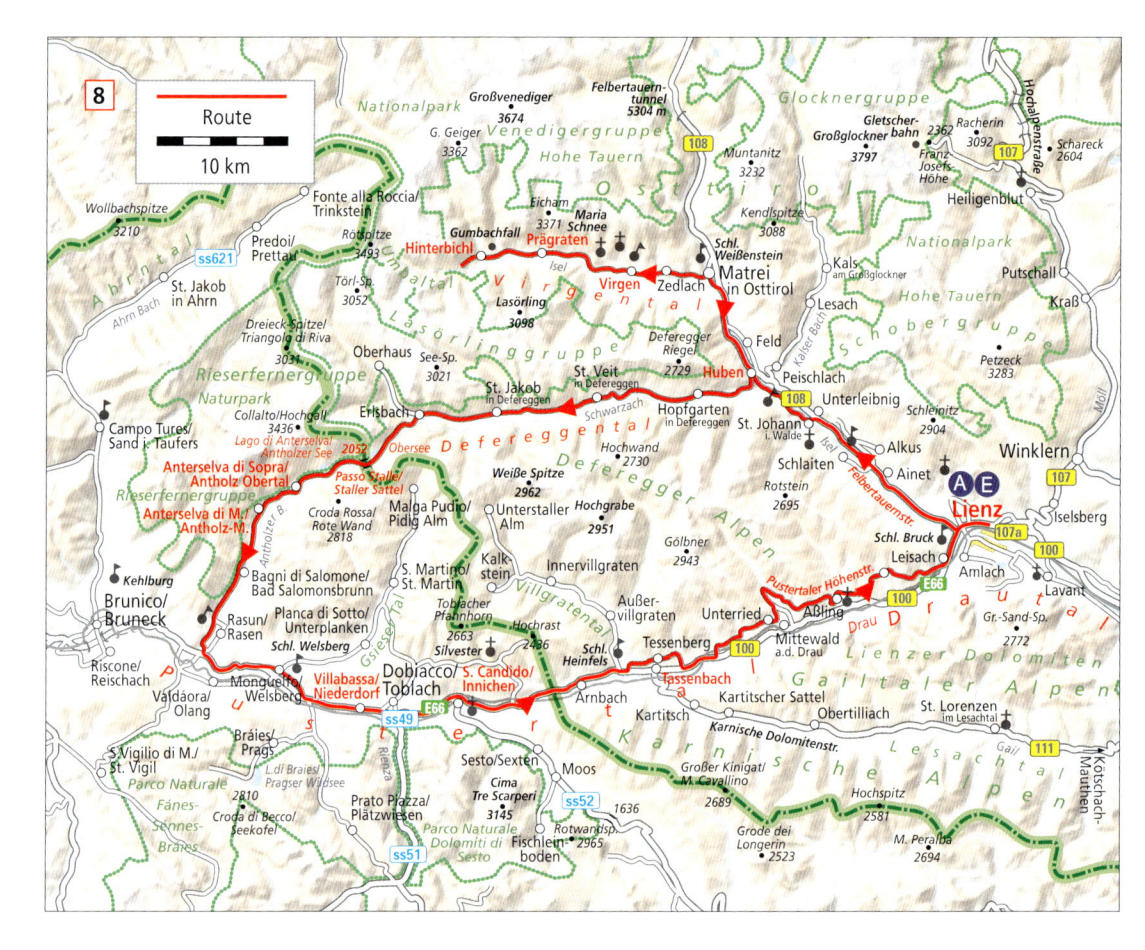

Bitte die Dolomiten kurz ignorieren

Am Fuß des Passes werfen Sie unbedingt einen langen Blick auf den Lago di Anterselva, einen malerisch in die atemberaubende Bergwelt »drapierten« See, an dessen Ufer sich zahlreiche herrliche Pausenplätze finden lassen. Dann huschen wir geschwind wie der Wind hinab nach Valdaora am Nordrand der Dolomiten. Und mögen diese auch bereits heftig nach uns rufen, setzen Sie bitte erst nochmals den Blinker links Richtung Pustertal. Den Dolomiten und ihren legendären Pässen widmen wir uns gleich auf zwei nicht minder prächtigen Rundtouren. Via Villabassa und San Candido erreichen wir wieder Osttiroler Territorium und schwingen gemütlich ostwärts durchs Pustertal zu unserem morgendlichen Ausgangspunkt. Wahlweise zügig auf der B 100 durch die Ortschaften im Tal oder – meiner Empfehlung folgend – ab Abfalterbach über das Kurvenparadies der Pustertaler Höhenstraße. Diese gut 30 km lange Strecke führt auf halber Höhe am Nordhang des Pustertales entlang und bietet fantastische Ausblicke auf das Tal und die umliegenden Lienzer Dolomiten. Zwar durchgehend asphaltiert, ist die Strecke stellenweise schmal. Dafür müssen wir sie uns nur mit ein wenig landwirtschaftlichem Verkehr und ab und zu freilaufenden Rindviechern teilen. Kurz vor den Stadttoren von Lienz mündet die Strecke dann wieder in der B 100.

EINKEHRTIPP IN LIENZ

Direkt an der alten Stadtmauer liegt das **Café Konditorei Köstl** von Hannelore Köstl, in dem es sich nicht nur gemütlich frühstücken, sondern auch nachmittags lecker zu Kaffee & Kuchen einkehren lässt, Kreuzgasse 5, A-9900 Lienz, Tel.: +43 (0) 4852/62012.

Wohl einzigartig: Der Plöckenpass in den Lienzer Dolomiten.

Eine Extraportion Kurvenhatz

Haben Sie noch Zeit und Lust auf eine ordentliche Portion Kurvenhatz, dann empfehle ich den Heimweg nach Lienz über den Kartitschsattel und das idyllische Lesachtal zu wählen, einen 80 km langen Abstecher auf durchgängig landschaftlich schöner Strecke. Und 36 Kehren gibt es als Zugabe obendrein. Biegen Sie dazu ganz einfach in Tassenbach rechts von der B 100 ab und folgen Sie den Wegweisern nach Kartitsch und dem gleichnamigen Sattel auf gut 1500 m. Via Obertilliach, Sankt Lorenzen und Birnbaum schwingen wir nach Kötschach-Mauthen, wenden uns links und erreichen bei Waidach das Drautal. Zu guter Letzt einfach der Drau nach Nordwesten folgen und den Tourentag in Lienz gemütlich ausklingen lassen.

TOUR 8 IM ÜBERBLICK

Allgemeines
Auf dieser Tour lernen wir Osttirol von seiner ruhigen, landschaftlich nicht minder beeindruckenden Seite kennen. Das Virgen- und Defereggental sind alpenländische Perlen ganz besonderer Güte, die auch den Biker porentief verwöhnen.

Aufgepasst
Die beschriebene Zeitsteuerung des Verkehrs am Staller Sattel kann Wartezeiten bis zu 45 Minuten hervorrufen – aber in dieser hochalpinen Umgebung ist auch das eigentlich kein Problem.

Mein Übernachtungs-Tipp in Lienz
Gasthof-Restaurant-Hotel **Goldener Fisch** *im Herzen der Stadt, wenige Gehminuten vom historischen Zentrum, Kärntner Str. 9, A-9900 Lienz Tel.: +43 (0) 4852/621 32 info@goldener-fisch.at, www.goldener-fisch.at*

Kartenmaterial
Motorrad Powerkarten »Süddeutschland und Österreich« Blatt 6 + 7, laminierte Tourenkarten im Maßstab 1:250.000, ISBN 978-3-937418-22-3.

Im Internet
www.lienz.at, www.defereggental.at www.osttirol.com, www.grossglockner.at

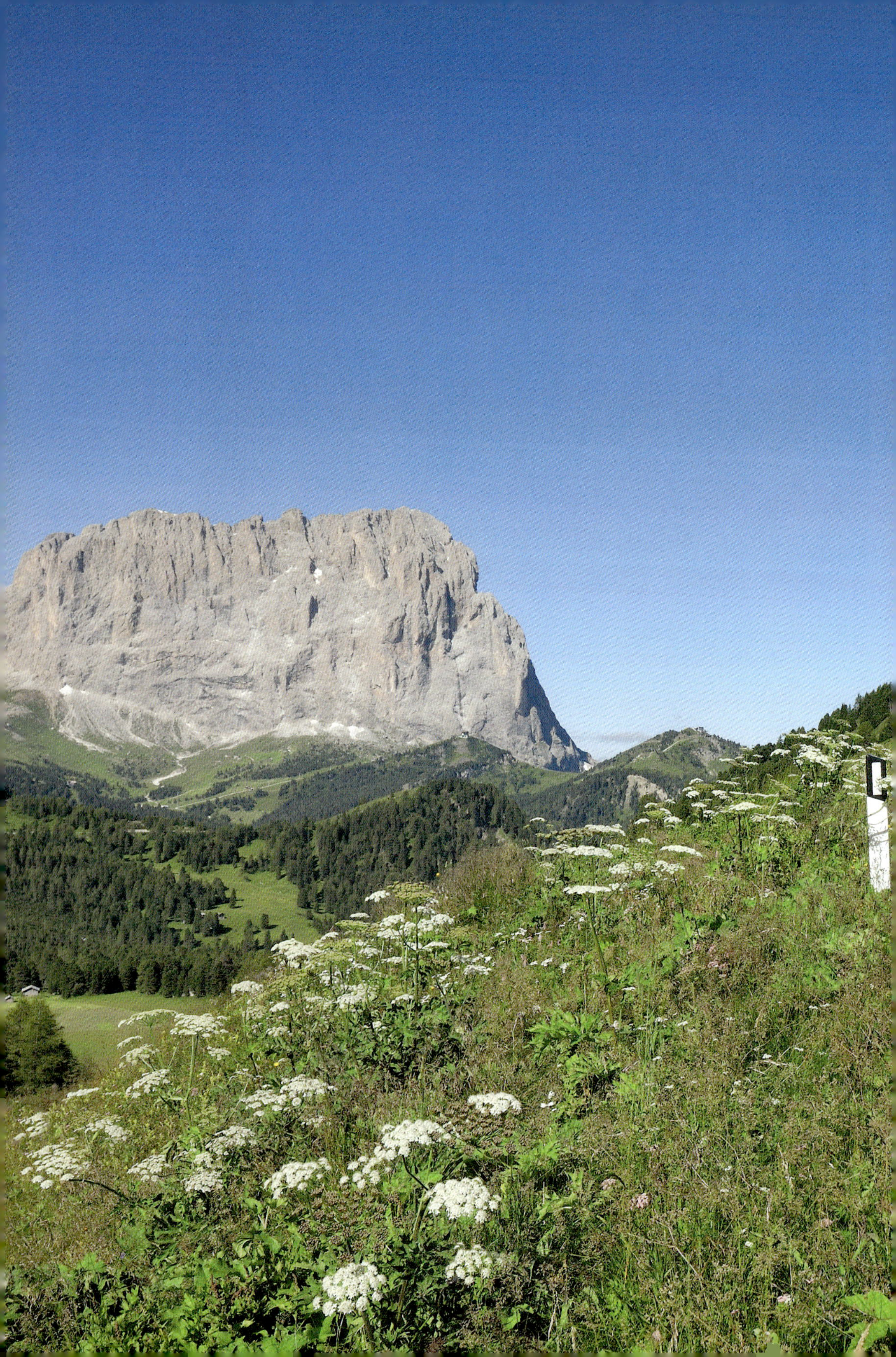

TOUR 9 DOLOMITEN

Der Dolomiten-Achter – Teil 1

Ein Motorrad-Sommer in den italienischen Dolomiten ist wohl kaum noch zu toppen!

Symbol der Dolomiten: Der gewaltige Block der Sella-Gruppe.

Im Angesicht des Rosengartens: San Cipriano im Tierser Tal.

Alpiner Kurvenspaß im Land der Ducatisti, die Tage prall gefüllt mit Kurven und Schräglagen über höchste Gipfel und durch traumhafte Täler – all das macht süchtig nach mehr. Deshalb bitte Vorsicht beim Weiterlesen: Bei Risiken oder plötzlichen Nebenwirkungen, wie chronisch juckender Gashand, kontaktieren Sie bitte umgehend den Mopedhändler Ihres Vertrauens. Oder besser noch – fahren Sie einfach auf direktem Weg in die Dolomiten und genießen Sie die folgenden Orgien aus Kurven, Pässen und atemberaubenden Landschaften.

Corvara lautet mein Tipp für den besten Tourenstandort in den Dolomiten. Denn das touristisch geprägte, aber weitgehend noch rummelfreie Städtchen zu Füßen des mächtigen Sasongher-Gipfels bietet alle Annehmlichkeiten, die wir uns nach einem langen Tag im Sattel wünschen. Und wenn Sie sich nach der ersten Nacht in Corvara fragen, warum Sie so tief entspannt geschlafen haben – nun das liegt an der mit 1500 Höhenmetern kreislaufmäßig sehr gesunden Höhenlage des Städtchens. Doch das Beste an Corvara: Von hier aus liegen alle berühmten Dolomitenpässe beinahe schon in Sichtweite.

Lasst den Tanz beginnen

Ein kurzer Tipp: Im Hochsommer empfehle ich, möglichst früh am Morgen aufzubrechen. Gegen Mittag können sich auf manchen Pässen überforderte Autofahrer und Wohnmobilisten stapeln, dann sollten wir abtauchen in die herrlichen Täler. Auf gut ausgebauter Straße geht es von Corvara also früh am Morgen hinauf zum Grödnerjoch auf 2137 m. Sechsmal bin ich nun bereits in den Dolomiten unterwegs gewesen, doch jedes Mal wieder jubiliert mein Gleichgewichtssinn nach wenigen Metern. Ach ja – und zugegeben: Gleich nach den ersten Spitzkehren meldet sich meistens meine innere Stimme mit »*Studti, da geht no' wos! Des is no' lang ned rund!*« Apropos: Rund um die obligatorischen Andenkenläden auf der Passhöhe des Gröd-

---

TOUR-CHECK

Land und Region: *Italien – Südtirol / Dolomiten*
Empfohlener Tourenstandort: *Corvara in Badia*
Länge: *200 km*
Schwierigkeit: *mittel bis leicht anspruchsvoll*
Höchster Punkt: *2225 m*
Beste Reisezeit: *Mai - Oktober*

DOLOMITEN

ner Jochs heißt es unbedingt, den Seitenständer für einen kurzen Boxenstopp auszuklappen. Oder auch für eine Runde internationale Benzingespräche. Das ist eigentlich ebenso Pflicht auf jedem der nun folgenden Dolomitengipfel.

Runde 1 – das freie Training

In weiten Bögen schwingt die Passstraße anschließend vom Grödnerjoch nach Westen, ehrfurchtsvoll schiebt sich bereits kurz darauf der gewaltige Block der Sella-Gruppe in unser Blickfeld. »Dolomit« heißt das nach dem französischen Forscher Dolomieu benannte, hier sehr häufige Mineralgestein, das vor satten 40 Millionen Jahren dieses hochalpine Motorradparadies formte. Am Sellajoch selbst steppt an jedem Sommertag der berühmte Bär, hier stapeln sich Biker, Rennradler, Auto- und Wohnmobilisten von früh bis spät bei dem Versuch, die überbaute Passhöhe sehenswert abzulichten.

Okay, zweifellos ist dieser Pass der berühmteste und bekannteste unter allen Dolomitenpässen, was er nicht zuletzt seiner spektakulären Kulisse zu Füßen des gewaltigen Sella-Felsblocks mit dem 2975 m hohen Piz Gralba zu verdanken hat. Fahrerisch ist er mäßig anspruchsvoll, sein Reiz liegt auch in seiner Beliebtheit bei italienischen Bikern, vor allem Ducatisti. Wollten Sie sich immer schon einmal mit den einheimischen Dolomiten-Bikern in Sachen Schräglage und Kurventechnik messen, dann kommen Sie unbedingt an einem schönen Sommerwochenende ganz früh herauf zum Sellajoch. Warten Sie dort einen Augenblick, trinken Sie vielleicht noch einen schnellen Espresso, und sobald erstes lautes Auspuffdröhnen die Welt der Berge erfüllt, fordern Sie die Kollegen zum Kurventanz. Es wird Ihnen gefallen – ob Sie allerdings diesen Contest überhaupt gewinnen (können), ist mehr als zweifelhaft. Denn viele der italienischen Biker sind alte Dolomitenhasen und haben wohl jede Kehre schon hundertmal mit ihren Fußrasten signiert.

An Juliwochenenden bitte meiden

Doch zurück zum Joch: Vom Sellajochhaus etwas unterhalb der Passhöhe führt im Sommer eine Gondelbahn hinauf in die Langkofelscharte, einem durchaus anspruchsvollen Wandergebiet. Und in unmittelbarer Nähe befinden sich die berühmten Sellatürme, ein wahres Kletterparadies. Ein Nachteil des Sellajochs sei nicht verschwiegen: Sowohl Reisebusse als auch Wohnmobile glauben, die Sella-Umrundung auf jeden Fall fahren zu müssen. Vor allem zur Hauptreisezeit im Sommer geht es deshalb oben am Joch oftmals extrem eng zu, da müssen selbst Biker millimetergenau zirkeln, wenn wieder einmal ein Bus- oder Wohnmobilfahrer völlig überfordert versucht, seinen Koloss um die Ecken der Passhöhe zu zirkeln.

Über weitläufige Almen geht es anschließend Richtung Canazei und das Fassatal. Hier ist unser nächstes Ziel, der Passo di Costalunga oder Karerpass, bereits ausgeschildert. Imposante Felswände ragen rechts und links des Lenkers in den Himmel und lassen auch

Welch nette Heimstatt: Schloss Prösels in einzigartiger Lage.

EINKEHRTIPP IN CORVARA

Gut besucht und abends immer voll, weil richtig lecker und mit riesiger Speisekarte: die **Pizzeria Fornella**, 1 Strada Rütort, I-39033 Corvara In Badia (BZ), Tel.: +39 (0) 471/83 61 03.

Kaum Blutdruck senkend: Die Westrampe zum Würzjoch ist nichts für schwache Nerven.

TOUR 9

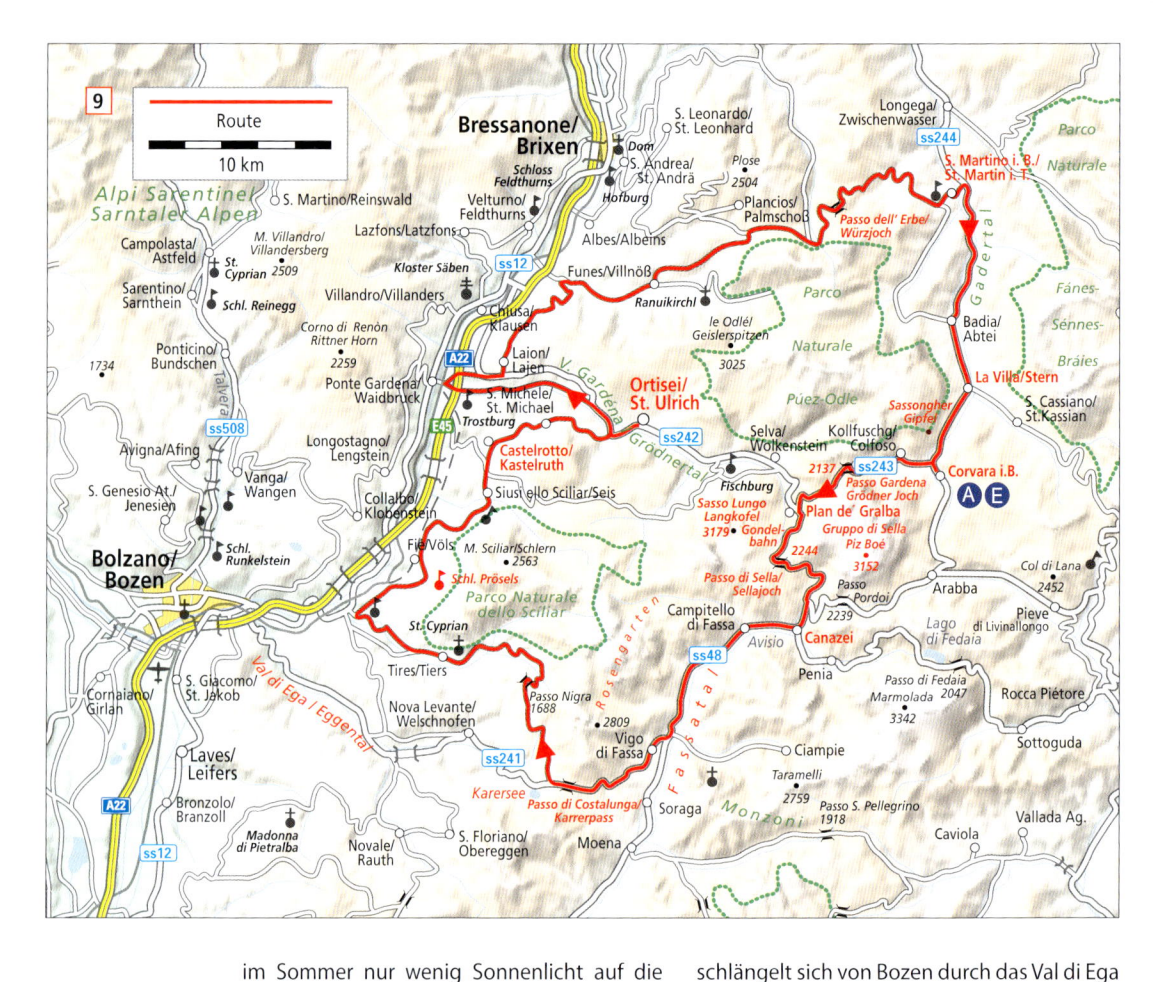

Perfekter Einkehrschwung: Am Nigerpass schmeckt's doppelt gut.

im Sommer nur wenig Sonnenlicht auf die Straße fallen. Zahlreiche Hotels, einige Restaurants sowie Cafés haben sich in einer Art Straßendorf auf der Passhöhe angesiedelt, da die Region im Winter ein beliebtes Skigebiet ist. Durch weitläufige Hochalmwiesen folgen wir anschließend der »Großen Dolomitenstraße« ein Stück. Diese legendäre Themenstraße schlängelt sich von Bozen durch das Val di Ega sowie über das Pordoijoch und den Falzaregopass bis nach Cortina d'Ampezzo – davon später aber mehr. Etwas unterhalb der Passhöhe liegt in einer weiten Linkskurve und versteckt mitten im Wald der Karersee, der bei schneller Kurvenhatz gerne einmal übersehen werden kann. Wenn Sie sich urplötzlich wundern, warum sich rechter Hand auf einem Parkplatz Reisebusse, Wohnmobile und Pkws stapeln, dann liegt der geheimnisvolle See gleich vor Ihrem Windshield. Er lohnt einen kurzen Boxenstopp, ja sogar eine spontane 15-Minuten-Umrundung.

Weiter wedeln wir über den eher unscheinbaren, dafür vergleichsweise verkehrsarmen Nigerpass gemütlich hinunter ins Tierser Tal zu Füßen des mächtigen Rosengartens, der felsigen Heimat des geheimnisvollen Zwergenkönigs Laurin.

DOLOMITEN

Welch unberechenbarer Zwerg

Er war der berühmteste Zwergenkönig aller Zeiten, er war gefürchtet und hinterlistig – und hatte ein Faible für Blumen. Dazu hatte sich König Laurin mitten im unwirtlichen Felsengebirge einen wunderschönen Rosengarten angelegt. Eines Tages wollte Laurins Nachbar, der König an der Etsch, seine schöne Tochter Similde vermählen. Der Adel des Landes wurde eingeladen, sich als Bräutigam zu bewerben. Nur Laurin nicht. Mächtig sauer schnappte er sich seine unsichtbar machende Tarnkappe und entführte Similde in sein Felsenreich. Doch Ritter Dietrich von Bern gelang es, den auch für ihn unsichtbaren Laurin einzuholen und im Rosengarten zu stellen. Denn Dietrich erkannte an den Bewegungen der Rosen, wo sich der listige Zwergenkönig verbarg. Aus Wut über den Verrat belegte Laurin seinen Rosengarten mit einem Fluch: Weder bei Tag noch bei Nacht sollte ihn jemals wieder ein Auge erblicken. In seinem Zorn vergaß er aber die Dämmerung, und so geschieht es, dass König Laurins Rosengarten immer bei Sonnenauf- und -untergang für ein paar Minuten prächtig erblüht. Schauen Sie mal ganz genau hin!

Bevor wir uns nun im hektischen Gewusel des Eisacktales rund um Brixen verirren, lassen Sie uns das Bike wieder hinauf in die Berge dirigieren. Über das mächtige Schloss Prösels in einzigartiger Aussichtslage, über Castelrotto und Ortisei geht es auf kaum mehr als lenkerbreiter Gasse hinauf zum Passo dell' Erbe, besser bekannt als Würzjoch. Vorsicht: An mancher Stelle müssen sogar Motorradfahrer etwas zirkeln, um aneinander vorbeizukommen. Oben am Würzjoch laden bewirtschaftete Almhütten zur Einkehr kombiniert mit prächtiger Aussicht ein, bevor wir sodann via San Martino in Badia retour zu unserer Herberge in Corvara huschen.

Echt nett: Der Karerpass spielt im großen Dolomiten-Konzert eher die »zweite Geige«.

TOUR 9 IM ÜBERBLICK

Allgemeines
Die italienischen Dolomiten gehören nicht nur seit Sommer 2009 in weiten Teilen zum UNESCO-Weltnaturerbe, sie sind auch das berühmteste Motorradparadies des Alpenraumes, ja man kann wohl sagen: Pflicht und Kür zugleich in Bikers Lebens-Roadbook.

Aufgepasst
Die Pässe auf dieser ersten Runde sind fahrerisch zwar leicht bis mittelschwer, wir bewegen uns aber in hochalpinem Gelände. Vor allem im April/Mai, aber auch im Oktober ist mit letzten/ersten winterlichen Grüßen zu rechnen.

Mein Übernachtungs-Tipp in Corvara
*Frühstückspension **Garni Margit**
Strada Agá 10, I-39033 Corvara (BZ)
Tel.: +39 (0) 471/83 60 57
info@garnimargit.it, www.garnimargit.it*

Kartenmaterial
Motorrad Powerkarten »Alpen und Gardasee« Blatt 6, laminierte Tourenkarten im Maßstab 1:250.000, ISBN 978-3-937418-23-0.

Im Internet
*www.altabadia.org, www.meinsuedtirol.com
www.dolomiten.net, www.corvara.net*

Unsere zweite Dolomiten-Tour widmet sich dem Osten, widmet sich mit Passo Falzarego und Giau den größten fahrerischen Herausforderungen dieses Motorradparadieses.

TOUR 10 DOLOMITEN

Der Dolomiten-Achter – Teil 2

Gold im Mund: Ein Sommermorgen in den Dolomiten – und der Kurventanz beginnt.

Im Sommer gehören sie uns: Die Dolomiten sind das Bikerziel der Alpen.

Für diese Rundtour sollten Sie über eine ordentliche Portion alpine Erfahrung im Mopedsattel verfügen, nur so können Sie das Kommende richtig genießen. Aber zum Sammeln jener Erfahrung hatten wir ja bislang in diesem Buch schon ausgiebige Gelegenheit. Also denn – please start your engines!

Runde 2 – die Pflicht ruft

Das Warm-up liegt hinter uns, der Gleichgewichtssinn ist justiert und unser Kurvenschwung bereits nahe der Ideallinie. Gen Nordosten huschen wir frühmorgens aus Corvara hinaus auf der »Touristenmeile« des Alta Badia. Dies ist in diesem Fall allerdings nicht abwertend gemeint, denn viele der entlang unserer Tour liegenden Hotels, Gasthöfe, Restaurants und Cafés passen sich perfekt in die Landschaft und ihre Traditionen ein und lohnen sicherlich einen abendlichen Boxenstopp. Im hübschen La Villa biegen wir sodann rechts ab nach San Cassiano, hinter dessen Ortsausgang bereits der Kurventanz hinauf zu unserem ersten Dolomitenpass dieses noch jungen Tages beginnt. Noch werfen die Gipfel rund um den Passo di Valparola lange Schatten hinunter in das Alta Badia, aber ein meistens strahlend blauer Morgenhimmel verspricht viele Tage im Jahr ungetrübten Genuss. Und dieser heutige Genuss wird von über 200 Spitzkehren dominiert werden, so viel sei an dieser Stelle schon einmal verraten. Durch ein mächtiges Felsenlabyrinth führt die gut ausgebaute Straße über die Passhöhe des Valparola, auf den Parkplätzen rechts und links campieren gerne Wohnmobilisten, um einen grandiosen Sonnenaufgang zu erleben. Denn die Passhöhe des Valparola selbst ist unbewirtschaftet. Das ändert sich allerdings wenige Kurven weiter. Der 2117 m hohe Falzarego als Nachbar des Valparola zählt zu den berühmtesten Dolomitenpässen und mit immerhin 40 Kehren zwischen seinen Basisorten auch zu den anspruchsvollen. Die wollen wir ausgiebig genießen, doch vorher gilt es, hier oben den Seitenständer auszuklappen für das obligatorische Passfoto mit Biker und Moped. Oder einen koffeinhaltigen Boxenstopp in der bewirtschafteten Passhütte. Aber Vorsicht bitte: Der dort residierende Chow-Chow-Mischling ist zwar ungemein niedlich, aber ein waschechter Morgenmuffel. Ich empfehle körperliche Kontaktaufnahmen ausschließlich im Schutz von festen Mopedhandschuhen!

Dann flitzen wir der aufgehenden Sonne entgegen Richtung Cortina d'Ampezzo, dem berühmtesten Wintersportort der Dolomiten, dessen Zentrum allerdings alltäglich im Verkehr erstickt.

Achtung: Verkehr!

Cortina d'Ampezzo ist zweifelsohne der berühmteste und wohl auch mondänste Skiort

---

TOUR-CHECK

Land und Region: *Italien – Südtirol / Dolomiten*
Empfohlener Tourenstandort: *Corvara in Badia*
Länge: *190 km*
Schwierigkeit: *leicht anspruchsvoll*
Höchster Punkt: *2250 m*
Beste Reisezeit: *Mai - Oktober*

DOLOMITEN

Befahrbare Staumauer: Am Lago di Fedaia bitte nicht zu früh abbiegen.

Schwere Entscheidung: Am Falzarego stehen viele Highlights zur Auswahl.

Norditaliens mit gut 7000 Einwohnern und einem Mehrfachen an Hotel- und Gästebetten. Über die Schönheit des Ortes kann man sicherlich heftig streiten, vor allem, wenn man unvorbereitet aus den atemberaubenden Weiten der Dolomiten hinunter in den immer lauten, immer quirligen und wohl immer proppenvollen Ort schwingt. Dennoch lohnt sich ein so Bummel durch Jetset & Co. Die internationale Atmosphäre, die attraktiven Shopping-Meilen (Platin-Kreditkarte nicht vergessen!) und die eleganten Restaurants sind eine Schau. Und Cortina hat immerhin gut 1000 Jahre pralle Geschichte zu bieten, wenngleich der Charme vergangener Jahrhunderte an vielen Stellen heutzutage mächtig bröckelt. Cortina ist die unbestrittene »Königin der Dolomiten«, in der sogar einige weltbekannte Kinohits gedreht wurden, wie zum Beispiel »The Pink Panther« mit David Niven und Peter Sellers oder die James Bond Episode »For Your Eyes Only« mit Roger Moore. Weitere Infos unter www.dolomiti.org

Welch' genussvolle Stauumfahrung!

Die rechtzeitige Stauumfahrung wartet im Örtchen Pocol bereits in Sichtweite Cortinas auf uns. Dort zweigt sie rechts ab, die Kurvenpiste zum Passo Giau, einem Bikerparadies mit sage und schreibe 55 Kehren, das bis heute immer noch als kleiner Geheimtipp gehandelt wird. Im Takt ungezählter Kurven schunkeln wir zunächst durch lichten Mischwald, und erst ganz allmählich geht die Piste in eine satte Steigung über. Weite Almgebiete und herrliche Ausblicke auf die umliegenden Zweieinhalbtausender gibt es gratis dazu. Auf der Passhöhe mit ihrer kleinen bewirtschafteten Berghütte vor imposanten Felsen bieten sich an klaren Tagen herrliche Rundumsichten zum Beispiel auf die Gletscherregionen der Marmolada oder die Sellagruppe. Im Norden schließen übrigens die Gipfelwelten des Passo di Falzarego an, und an manch stillen Tagen hier oben meint man, das nahezu pausenlose Auspuffdröhnen oben am Falzarego hören zu können.

Ganz gleich, ob nun von Westen, vom Passo di Fedaia, oder von Cortina kommend, beide Rampen des Giau sind eine fahrerische Herausforderung, der sich Biker mindestens

EINKEHRTIPP IN SELVA DI CADORE

Typisch italienisch mit lecker Cappuccino, schönem Ausblick und naheliegender Applauskurve: **Ristorante-Bar Lorenzini**, *Via Pescul 35, I-32020 Selva di Cadore, Tel.: +39 (0) 437/52 12 12.*

TOUR 10

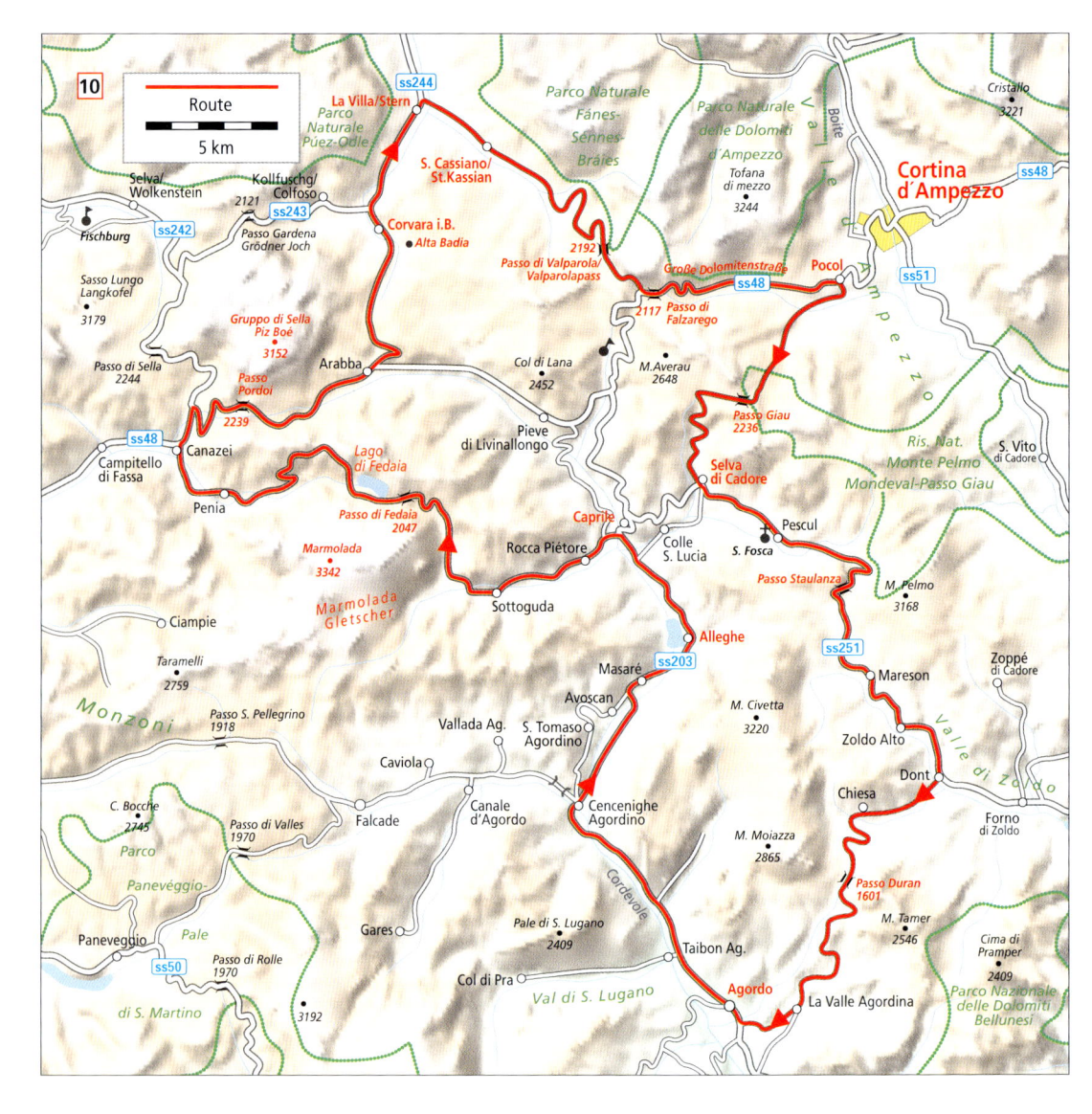

einmal in seinem Leben stellen sollte. Die Südwestrampe hinunter nach Selva di Cadore ist extrem kurvenreich, und mit sattem Gefälle geht es geschwind bergab in das charmante Bergdorf zu einem leckeren Cappuccino-Boxenstopp.

Über die Schaumkrone des Sahnekaffees blinken uns dabei bereits die Wegweiser zum Passo Staulanza und Passo Duran entgegen, deren Kurvengemenge wir uns nun widmen wollen. Okay, beide Pässe sind mit ihren gut 1600 Höhenmetern im Vergleich zum bisherigen Tourentag eher »Kinderkram«, sie führen uns aber gemütlich und nicht minder schräglagenreich in die Gipfelregionen der imposanten Marmolada-Region. Über Agordo, Alleghe und Caprile sowie durch teilweise dunkle Fel-

EINKEHRTIPP AM MARMOLADA-STAUSEE

An beiden Enden der gewaltigen Staumauer existieren bewirtschaftete Berghütten, die auch als ganz spontaner Biker-Treff der italienischen »Kollegen« sehr beliebt sind. Vor allem die Hütte am anderen Ende der Staumauer (befahrbar!) bietet dazu herrliche Ausblicke auf den Speichersee und die Berge.

DOLOMITEN

sentunnel erobern wir den Passo Fedaia auf seiner Ostrampe hinauf zum gleichnamigen Stausee, in dem die Schmelzwasser des einstmals mächtigen Marmolada-Gletschers gesammelt werden.

Von Ungehorsam und plötzlichen Eiszeiten

Ursprünglich soll es selbst in den Gipfelregionen der Marmolada keinerlei Eis und Schnee, sondern fruchtbare Wiesen und blühende Almen gegeben haben. Eines Tages vor einem wichtigen Kirchenfeiertag unterbrachen die Almbauern wie üblich ihre Heuernte und gingen gemeinsam hinunter ins Tal, wo die Kirchenglocken bereits mahnten. Nur zwei gottlose Almbauern störte das Läuten wenig, sie arbeiteten den ganzen Feiertag durch, um ihr Heu trocken in die Scheune einzubringen. Doch plötzlich fing es aus heiterem Himmel an zu schneien. Und es schneite und schneite und hörte gar nicht mehr auf, bis alle Almen der Marmolada von einem riesigen Gletscher bedeckt waren. Und die beiden gottlosen Bauern wurden nie wieder gesehen, sie ruhen bis heute im ewigen Eis des Gletschers. So erzählt eine alte Südtiroler Sage.

Noch einmal nähern wir uns dann dem Wintersportort Canazei, diesmal von Süden, und gönnen uns im letzten Licht des Tages noch den Passo Pordoi und Campolongo – unzweifelhaft zwei weitere Pflichttermine in Bikers Dolomiten-Roadbook. Und nach den letzten 78 Kehren dieses Tages wundern Sie sich bitte nicht darüber, dass Ihre Gashand die abendliche Riesenpizza in heftigen Schlangenlinien zerteilt.

Benzingespräche inklusive: Auch der Boxenstopp auf dem Pordoi ist Pflicht.

TOUR 10 IM ÜBERBLICK

Allgemeines
Tour 2 in den Dolomiten geht echt hoch hinaus und mit über 200 Kehren auch fahrerisch richtig »zur Sache«. Doch keine Angst, die vorhergehenden Touren haben uns auf diesen Einsatz perfekt vorbereitet.

Aufgepasst
Lautes Auspuffdröhnen, Kurven atemberaubend schneiden und Auffahren bis auf das Kuchenblech des Vordermannes – all das ist üblich im Land der Ducatisti. Lassen Sie sich davon nicht zu ungewollter Raserei verleiten. Von einem Dolomiten-Ducatisti überholt zu werden ist keine Schande!

Mein Übernachtungs-Tipp in Corvara
Frühstückspension **Garni Margit**
*Strada Agá 10, I-39033 Corvara (BZ)
Tel.: +39 (0) 471/83 60 57
info@garnimargit.it, www.garnimargit.it*

Kartenmaterial
Motorrad Powerkarten »Alpen und Gardasee« Blatt 6, laminierte Tourenkarten im Maßstab 1:250.000, ISBN 978-3-937418-23-0.

Im Internet
*www.altabadia.org, www.meinsuedtirol.com
www.dolomiten.net, www.miamarmolada.it
www.dolomiti.org*

TOUR 11

Das Wohnzimmer der Deutschen: Die Straßen des Trentinos sind fahrerische Leckerbissen.

TRENTINO-SÜDTIROL

Berge, Seen und Kurven satt

Das Trentino ist die wohl bekannteste und bei uns Deutschen beliebteste Region Norditaliens direkt an der sonnenverwöhnten Südalpenseite. Die Tour führt rund um das gewaltige Etschtal.

Bilderbuch-Anblick: Der Lago Santa Massenza.

Gleich hinter dem Brenner gelegen eröffnet das Land bereits ab März die Motorradsaison mit freien Straßen und angenehmen Temperaturen – zumindest für den Biker, den ein Frühlings-Regenschauer nicht aus dem Gleichgewicht zu bringen vermag. Und mit den landschaftlichen Perlen namens Vinschgau und Gardasee sowie dem gewaltigen Eisacktal bietet es uns im Grunde nie endende Tourenmöglichkeiten. Meine beiden hier zusammengestellten Rundtouren sind erneut ein Angebot an Kurvenfreaks und Kilometerfresser gleichermaßen – mit jeweils gut 230 Kilometern füllen Sie von Frühling bis weit in den Spätherbst hinein einen Tourentag randvoll.

Idealer Ausgangsort um die Vielfalt dieser Doppelregion gepäckbefreit zu erleben, ist das hübsche Städtchen Trento im Herzen des mächtigen Eisacktales. Wenngleich ich Ihnen für die Anreise unbedingt auch einen ausgiebigen Boxenstopp in Meran empfehlen möchte, einer Alpenstadt, in der nicht nur die Lage einzigartig ist.

Die Perle Südtirols

Meran ist die wohl schönste Stadt Südtirols und bietet eine quirlig-lebendige Abwechslung zur Kurvenhatz eines langen Tages im Sattel. Dann präsentiert sich das charmante Städtchen mit seinen schier unzähligen Kontrasten: Ob Almhütte oder Designhotel, Shoppen oder lieber Wandern – Meran ist eine Mischung aus Genuss und Kultur, hier verschmelzen die so gegensätzlichen Charaktere der Alpenwelt mit dem bereits omnipräsenten Flair des Südens, mit dem ganz bewussten »dolce far niente« Italiens. Und das wohl nicht erst seit unseren Tagen: Schon vor 5000 Jahren war der legendäre »Ötzi« bestens ausgerüstet auf Höhe des Schnalstaler Gletschers, am Tisenjoch, unterwegs, als ihn vermutlich ein Felssturz tötete. Und Kaiserin Sisi überwinterte im nahen Schloss Trautmannsdorff mitsamt Töchtern und über 100-köpfigem Hofstaat. Auch Künstler wie Franz Kafka, Rainer Maria Rilke oder Stefan Zweig ließen sich von der Bergkulisse und mediterraner Atmo-

---

TOUR-CHECK

Land und Region: *Italien – Trentino-Südtirol*
Empfohlener Tourenstandort: *Trento*
Länge: *230 km*
Schwierigkeit: *leicht*
Höchster Punkt: *1800 m*
Beste Reisezeit: *Mitte April - Ende Oktober*

TRENTINO-SÜDTIROL

sphäre inspirieren. Da mag es durchaus akzeptabel sein, dass man für ein gemütliches Zimmer in und um Meran einen ordentlichen Aufschlag bezahlen muss. Dafür kann man die Perle Südtirols sehr intensiv genießen. Alle Infos unter www.meranerland.com.

Das Alto Adige intensiv

Die landschaftlichen und fahrerischen Highlights des Alto Adige gilt es auf dieser Runde zu erkunden. Dazu wenden wir uns nach den Stadtgrenzen von Trento zunächst gen Osten, folgen der Beschilderung nach Civezzano. Vor allem werktags ächzt die SS 47, eine der wichtigsten Einfallstraßen in das Zentrum von Trento, unter dem Verkehr. Deshalb setzen wir nach wenigen Kilometern bereits den Blinker links und biegen ab hinauf in die Bergwelt oberhalb des Eisacktales, den Naturpark Monte Corno am fernen Horizont bereits im Visier. Gleich hinter dem verschlafenen Örtchen Lona-Lases beginnt der Kurventanz, der uns für den Rest des Tages erfreuen wird.

Cavalese, der quirlig laute Hauptort des Val di Fiemme weist uns den Weg hinauf zum Passo di Lavazé, sanft schwingen dessen Kurven und Kehren durch die herrliche Bergwelt im Süden Bozens. In den Dörfern entlang der Strecke scheint die Zeit so manches Mal lange schon stehen geblieben zu sein, gleichwohl nach Jahren der Landflucht inzwischen immer mehr Menschen hierhin zurückkehren, um sich eine neue Heimat fernab aller Hektik unserer Tage zu schaffen. Die Natur spendiert dazu Ausblicke, die wohl jeden begeistern: Rechts vor uns die gewaltigen Südhänge der Dolomiten, hinter uns das idyllische Val di Fiemme – schauen Sie sich möglichst ausgiebig um. Oben auf der Passhöhe des Lavazé haben sich mehrere, fast schon obligatorische Berggasthöfe angesiedelt und bieten einen

Ideal für Verschnaufpausen: Der Passo Mendola mit seinen Cafés und Kneipen.

EINKEHRTIPP IN MERAN

*Das **Bistro 7** in der Laubengasse 232, I – 39012 Meran, Tel.: +39 (0) 473/21 06 36, www.bistrosieben.it. Ein Bistro-Café-Restaurant mit gemütlichem Ambiente und leckeren Cocktails – auch alkoholfreien!*

Typisch Trentino: Blumenschmuck gehört an jedes noch so alte Häuschen.

TOUR 11

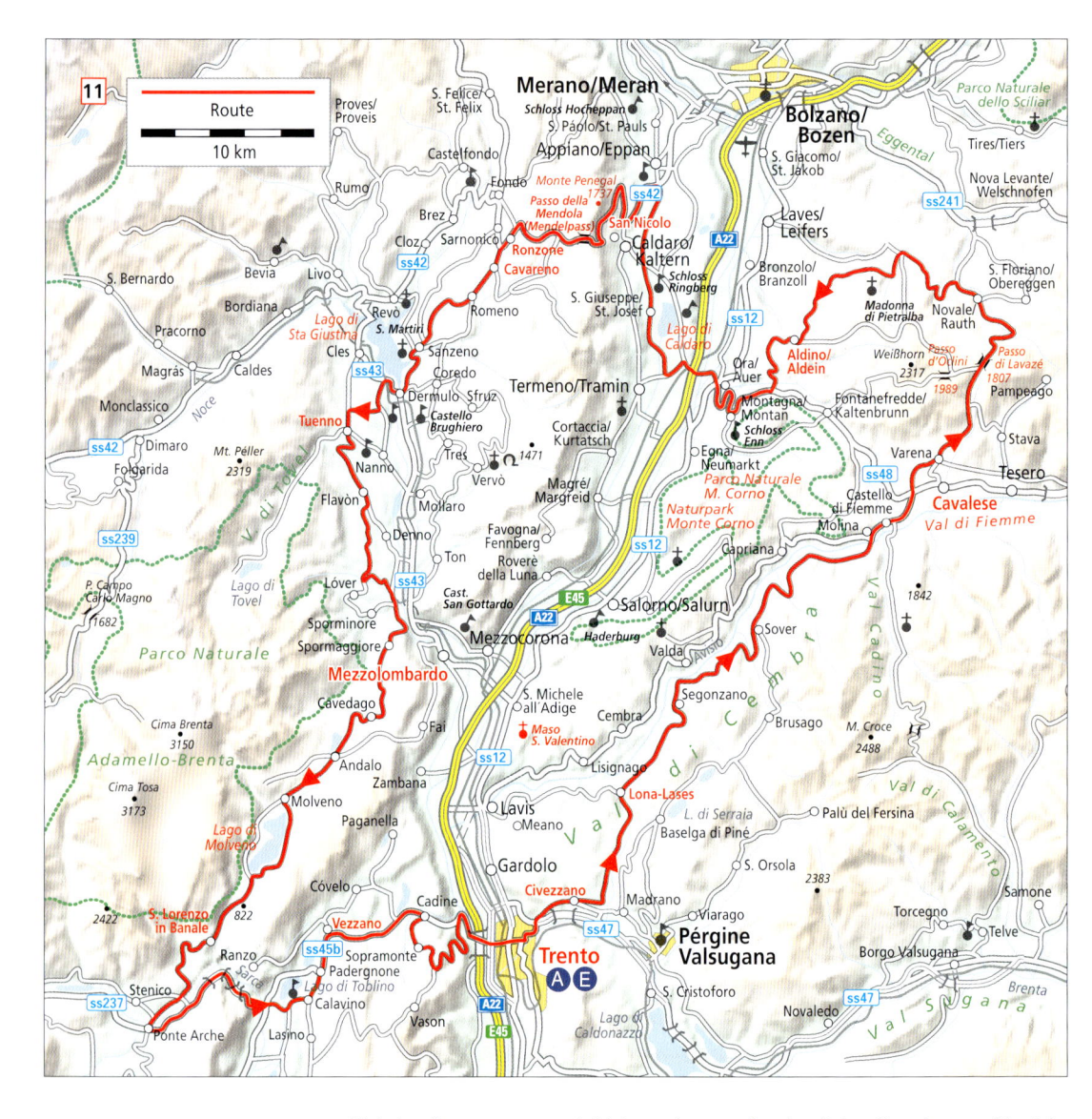

entspannten Einkehrschwung sogar mit kleinem Badesee. Der ist allerdings aufgrund der Höhenlage des Passes wahrlich nichts für Warmduscher.

Abstecher hoch hinaus

Direkt auf der Passhöhe des Lavazé zweigt er ab: der Weg zum ziemlich unbekannten und nur winzig ausgeschilderten Passo d'Oclini. Gönnen Sie sich unbedingt diesen acht Kilometer langen Sackgassen-Abstecher hinauf auf knapp 2000 Meter Höhe. Kurvenreich geht es durch lichten Tannenwald und weite Hochalmen auf ordentlicher Piste bergan. Vorsicht ist nur vor den hier frei weidenden Kühen geboten, sie betrachten die Straßen und Wege – vollkommen zu Recht, wie ich meine – als ihr ureigenes Territorium. Auch oben am Passo d'Oclini existieren mehrere Berggasthöfe, Wanderfreunde finden hier ein weites Betätigungsfeld.

Bozen weiträumig umfahren

Um nicht in den Industriezonen rund um Bozen unnötig Zeit zu vertrödeln, folgen wir kurz nach dem Pass den Wegweisern nach Nova

TRENTINO-SÜDTIROL

Ponente. Über Aldino senkt sich die Straße ganz allmählich wieder in das gewaltige Etschtal, auf das wir von hier aus einen schönen Ausblick genießen können. Wir queren den mächtigen Fluss und schwingen auf der gegenüberliegenden Seite hinauf zum Lago di Caldaro, dessen Uferstraße uns nach San Nicolo und über ein atemberaubendes Kurvenlabyrinth hinauf zum Passo della Mendola, dem Mendelpass geleitet. Benötigt Ihr Gleichgewichtssinn eine kurze Verschnaufpause – null problemo: Klappen Sie einfach hier oben auf gut 1400 Höhenmetern den Seitenständer aus und genießen Sie den Ausblick.

Heute verläuft am Passo della Mendola die historische Nord-Süd-Grenze der autonomen Doppelprovinz Trentino-Südtirol, die Passhöhe dominieren eine Vielzahl an Hotels, Gasthöfen und Einkehrmöglichkeiten, zum Teil mit herrlichen Terrassencafés, auf denen sich die ankommende Bikerschar bequem beobachten lässt. Direkt an der Passhöhe zweigt zudem eine gut vier Kilometer lange Sackgassen-Stichstraße zum 1737 m hohen Gipfelplateau des Penegal ab, die man sich mit genügend Zeit im Tankrucksack unbedingt gönnen sollte.

Eher gemütlich pendelt die Straße anschließend über Ronzone und Cavareno hinab nach San Giustina, malerisch direkt am gleichnamigen Stausee gelegen. Dessen Staumauer war nach der Fertigstellung 1951 immerhin die höchste Europas, noch heute zählt der Lago di Santa Giustina zu den größten Talsperren der Erde. Wer nun einen ordentlichen Schluck aus dem Drehmomentreservoir seines Bikes genießen möchte, sollte die SS 43 und SS 12 Richtung Trento wählen – und immer auf der Hut vor mobilen Radarpistolen sein. Genüsslicher und vor allem enorm kurvenreich führen uns allerdings die umliegenden Landstraßen über Tueno und Mezzolombardo direkt zum Lago di Molveno sowie zu guter Letzt über San Lorenzo in Banale und Vezzano heim nach Trento.

Hupen zwecklos: Die Kühe am Lavaze besitzen eine stoische Ruhe.

TOUR 11 IM ÜBERBLICK

Allgemeines
Kurven und Kehren im Überfluss – beim Anblick des gewaltigen Etschales und seiner wohlbekannten Autobahn mag man gar nicht glauben, dass das umliegende Land derart reich an Abwechslung ist. Und das nicht nur fahrerisch ...

Aufgepasst
Die Bundesstraßen der Region (Kennzeichnung »SS...«) sind wichtige Verkehrsverbindungen von und nach Bozen und dementsprechend reich an Verkehr – aber auch an Laserpistolen und Kontrollen.

Mein Übernachtungs-Tipp in Trento
*Hotel **Aquila D'Oro** mit tollen Themenzimmern, einer Street-Bar und lecker Frühstück im Herzen der Stadt, Via Belenzani 76, I-38100 Trento*
Tel.: +39 (0) 461/98 62 82
info@aquiladoro.it, www.aquiladoro.it

Kartenmaterial
Motorrad Powerkarten »Alpen und Gardasee« Blatt 6, laminierte Tourenkarten im Maßstab 1:250.000, ISBN 978-3-937418-23-0.

Im Internet
www.visittrentino.it, www.suedtirol.com
www.suedtirolerland.it, www.meranerland.com

TOUR 12

Lebendige Geschichte: Pergine Valsugana mit Burgblick.

TRENTINO-GARDASEE

Wie daheim beim Italiener

Richtig hoch hinaus geht es auch im Trentino! Und zudem wagen wir eine Stippvisite an »unseren« Gardasee.

Hoffentlich kommt keiner entgegen: Kopfstein-Piste am Lago di Caldonazzo.

Auch unsere zweite Runde durch diese sehenswerte norditalienische Doppelprovinz füllt einen ganzen Tourentag randvoll mit Erlebnissen, sie bietet Kurven und Kehren, Aus- und Einblicke und einige Möglichkeiten, dem Bike auch einmal »die Zügel lang« zu geben, sprich ordentlich Strecke zu machen. Doch bevor wir uns den Highlights rund um den herrlichen Lago di Garda – um »unseren« Gardasee – widmen, lassen Sie uns erst einmal eine ausgiebige Runde durch Hügel des südlichen Trentino räubern. Über Civezzano und Pergine Valsugana geht es nach Levico Terme, einem vor allem auch bei Campern beliebten Urlaubsort mit seinen beiden herrlich gelegenen Seen Lago di Caldonazzo und Lago di Levico. Die flotte Anfahrt nach Levico führt über die gut ausgebaute SS 47, gemütlicher geht es linker Hand dieser Bundesstraße über die Dörfer.

Von Kaiserjägern gebautes Kurvenparadies

Levico Terme besitzt auch in unseren Tagen trotz des omnipräsenten Badeschlappen-Touristen noch den Hauch eines Promi-Badeortes vergangener Jahrhunderte: Blühende Gärten und Alleen, ein gut besuchtes Kurhaus und Hotels im alten Stil prägen das Bild des sehenswerten Zentrums. Hier befinden sich auch die Thermalanlagen mit den für Italien einzigartigen Arsen-Eisenquellen sowie ein weitläufiger Park.

Gen Süden geht es aus der Stadt hinaus nach Caldonazzo. Immer wieder blitzt der gleichnamige See durch das bewaldete Grün der Landschaft. Und jetzt bitte aufgepasst: Der Einstieg zur »Strada dell'Alpini – zur Kaiserjägerstraße – ist nicht leicht zu finden. Folgen Sie am besten dem Wegweiser nach Südosten nach »Albergo Monte Rovere«. Und wenn dann die Piste vor Ihnen plötzlich extrem kurvig und ebenso eng wird, ja atemberaubend in den Fels gesprengt wurde, dann

---

TOUR-CHECK

Land und Region: Italien – Trentino-Südtirol
Empfohlener Tourenstandort: Trento
Länge: 235 km
Schwierigkeit: leicht bis mittel
Höchster Punkt: 1670 m
Beste Reisezeit: April - Ende Oktober

TRENTINO-GARDASEE

sind Sie goldrichtig abgebogen. Das im 1. Weltkrieg von österreichischen Kaiserjägern errichtete Militärsträßchen ist zwar durchgehend asphaltiert und auch randgesichert, seine Tunnel und unübersichtlichen Spitzkehren in Kombination mit der extrem gewundenen Streckenführung verlangen aber eine sichere Hand im Umgang mit dem Bike. Als Belohnung gibt es immer wieder herrliche Ausblicke auf den Caldonazzo-See und Lévico-See. Vor allem vom kleinen Parkplatz im oberen Teil der Strecke, dort befindet sich ein ausgeschilderter Aussichtspunkt.

Auch der Passo del Sommo gleich hinter Carbonare gibt sich mit 1350 m redlich Mühe, ist aber sicherlich nicht geeignet, um am Bikerstammtisch daheim mit seiner »Eroberung« zu protzen. Macht aber nix – der Fahrgenuss ist unbestreitbar groß. Winzige Straßen winden sich unter unseren Reifen allmählich hinab in das Eisacktal, unvermittelt hinter einer Kuppe öffnet sich plötzlich die Landschaft und gibt den Blick frei auf Rovereto. Die Wurzeln dieses typisch italienischen Städtchens gehen immerhin auf das 12. Jahrhundert zurück, sein Zentrum bietet ein Sammelsurium mittelalterlich anmutender Gässchen, herrlicher – aber auch vom Zahn der Zeit mächtig angenagter – Palazzi, eine Burg mit Kriegsmuseum und platanenüberschattete Plätze. Nicht umsonst gelten Rovereto und seine Einwohner aufgrund ihrer heiteren und unbeschwerten Lebensart als die Vorboten Venedigs. Bereits Mozart soll sich hier bei seinen Besuchen Mitte des 18. Jahrhunderts äußerst wohlgefühlt haben. Gönnen wir uns doch einen kleinen Rundgang vor dem nächsten Kurvengemenge.

Den See, den jeder kennt

Dann lassen Sie uns aufbrechen zum Gardasee und seinen sehenswerten Weiten. Das geht wahlweise mit ordentlich Speed über die SS 240 direkt nach Riva del Garda oder extrem schräglagenreich über Isera und dessen Randgemeinden Patone, Castellano nach Ronzo-Chienis und Mori. Wenn Sie nun einen Blick nach Süden werfen, werden Sie in der Ferne den Monte Baldo erkennen, das nicht nur unter Gleitschirmfliegern berühmte Bergmassiv.

Jetzt gilt es, eine Entscheidung zu treffen: Noch liegt gut die Hälfte dieser Rundtour vor uns, einige Streckenabschnitte höchst kurvenreich, andere wiederum gut geeignet für forsches Vorankommen. Haben Sie Lust und Zeit für einen Spontanabstecher? Dann gönnen Sie sich unbedingt die Monte-Baldo-Höhenstraße, ausgeschildert als »Strada Panoramica del Monte Baldo«.

Ein Highlight, das keiner braucht, aber jeder liebt

Ganz ehrlich gesagt: Sinn macht sie keinen und verkehrstechnisch definitiv gebraucht wird sie auch nicht: Die »Strada Panoramica del Monte Baldo«, die Monte-Baldo-Höhenstraße. Aber diese gut 60 km lange Piste verwöhnt jeden Besucher mit tollen Kurven und atemberaubenden Ausblicken. Sie durchquert von Brentonico kommend das kahle Bergmassiv des Monte Baldo, hat ihren Scheitelpunkt auf ca. 1620 Höhenmetern, läuft in Avio aus und gehört zu den echten Geheimtipps unter allen Alpenrouten. Viele Tage im Jahr haben wir diese Strecke wohl für uns allein, nur zur Sommerferienzeit tummeln sich gerne auch die

Stammt noch aus dem 1. Weltkrieg: Die »Strada dell'Alpini« – die Kaiserjägerstraße.

Land der Genießer: Das Trentino hat auch abseits des Sattels viel zu bieten.

EINKEHRTIPP IN ROVERETO

Restaurant-Trattoria **Bellavista** – typisch italienisches Restaurant im Herzen von Rovereto, Via Paganini 17, I-38068 Rovereto, TN, Tel.: +39 (0) 464/43 99 51. Richtig lecker!

TOUR 12

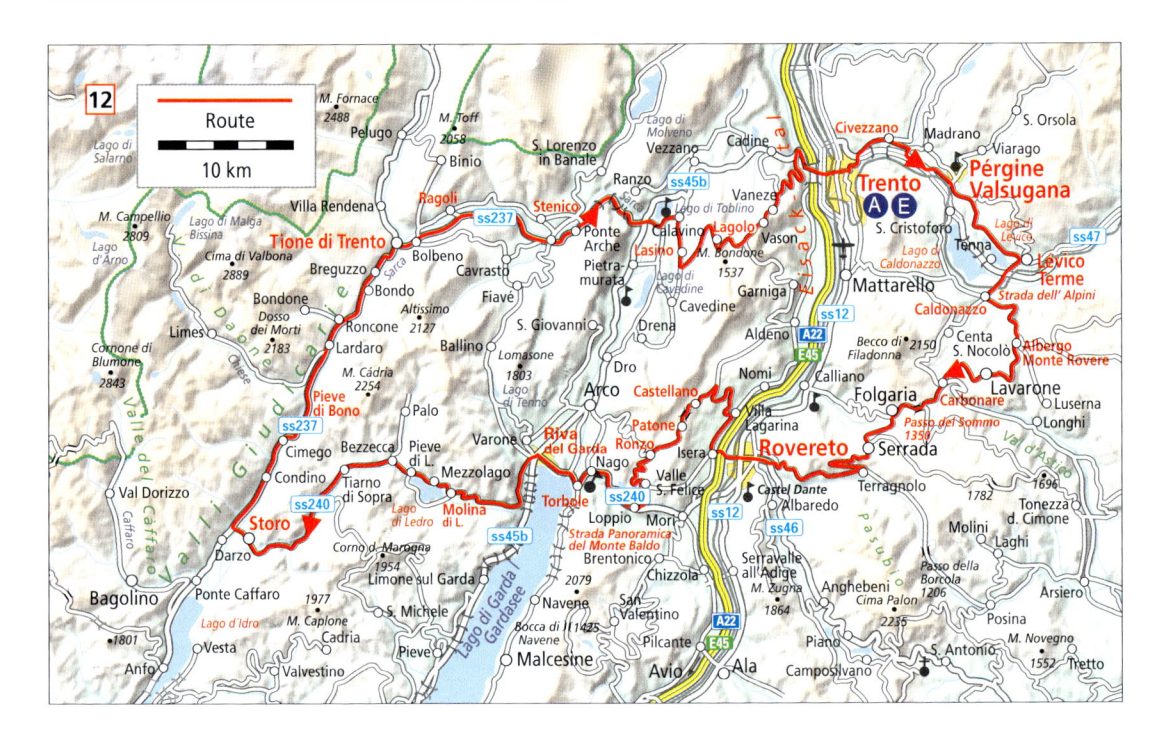

Norditaliener auf diesem dann nicht mehr Geheimtipp. Da nur spärlich ausgeschildert, habe ich hier einmal die Ortschaften in der Reihenfolge von Norden kommend aufgelistet: Bretonico – SW nach San Giacomo und San Valentino – SP Monte Baldo Richtung W folgend bergan –, bergab nach Avio und retour auf gleicher Piste oder aber via Ala und Serravalle all'Adige nach Mori.

EINKEHRTIPP IN RIVA DEL GARDA

Die Pizzeria-Ristorante **Al Vaticano** – die vielleicht beste Pizzeria in Riva del Garda, Via Santa Maria 8, I-38066 Riva Del Garda, Tel.: +39 (0) 464/55 42 62

EINKEHRTIPP IN TORBOLE

Die Eiscafés rund um die Piazza Alpini entlang der Hafenpromenade von Torbole eignen sich allesamt für einen kurzen Boxenstopp, Mopedparkplätze sind zuhauf vorhanden.
Für eine ausgiebige Stärkung empfehle ich die Pizzeria-Ristorante **Al Porto**, herrlich gelegen direkt am alten Hafen mit tollem Seeblick, Piazza Vittorio Veneto 14, Torbole sul Garda, Tel.: +39 (0) 464/50 59 85, www.pizzeriaalporto.com

Tja und dann liegt er vor uns – der Gardasee, den jeder kennt, so mancher hasst und viele von uns im Sommer ganz automatisch weiträumig umfahren. Dann, wenn man vor lauter Surfern, Seglern, Ruder- und Tretbootfahrern trockenen Fußes vom einen zum anderen Ufern gelangen könnte. Dann, wenn an eben jenen Ufern ausschließlich Badeschlappen-Deutsche die Straßen, Campingplätze, Restaurants und Cafés verstopfen. Ja dann mache auch ich einen großen Bogen um diesen eigentlich so herrlichen Bergsee. Aber zwischen September und Juni zählt der Gardasee zu den wohl schönsten Reisezielen, die wir Biker uns in Norditalien aussuchen können. Und deshalb gibt es über ihn auch so viele gute Reiseführer, die dieses Alpenhighlight en détail beschreiben, dass ich mir an dieser Stelle weitere Ausführungen erspare. Nur meinen Lieblings-Boxenstopp direkt am Ufer mit herrlichem Seeblick darf ich Ihnen verraten – vielleicht sehen wir uns ja dort demnächst einmal.

Der Lago di Ledro auf der Westseite des Gardasees hat es natürlich extrem schwer, sich gegen seinen »großen Bruder« zu behaupten. Darin liegt allerdings auch sein großer Vorteil:

TRENTINO-GARDASEE

Das Tor zum Gardasee-Genuss: Torbole mit seiner farbenfrohen Hafenmeile.

Hier gehen selbst im Hochsommer der Verkehr und die Hektik umgehend gegen null.

Über Molina di Ledro und Storo am malerischen Lago d'Idro wenden wir uns wieder gen Norden, wedeln grobe Richtung Trento. Das geht auf den kommenden Kilometern über Pieve di Bono und Tione di Trento recht schräglagenarm, dafür aber auch recht zügig. Unter Beachtung der ausgeschilderten Limite können wir in diesem Abschnitt der Rundtour ordentlich »Strecke machen«. Über Ragioli und Stenico senkt sich die Straße ganz allmählich wieder hinab in das gewaltige Etschtal, Lasino und Lagolo eröffnen den letzten Kurventanz dieses Tages mit sage und schreibe gut 50 Spitzkehren heim nach Trento. Wie prophezeite ich Ihnen am Ende der zweiten Dolomitentour doch: »... *dass Ihre Gashand die abendliche Riesenpizza in heftigen Schlangenlinien zerteilt.*« Nun, heute wird es Ihnen nicht anders ergehen. Außer Sie genießen diesmal Spaghetti als krönenden Tagesabschluss.

TOUR 12 IM ÜBERBLICK

Allgemeines
Am Ende dieser Tour werden Sie glauben, das Trentino bestünde nur aus Kurven und Spitzkehren – nun da ist schon etwas dran. Zumindest abseits der Hauptverkehrsstrecken gibt es hier nicht nur fahrerisch enorm viel zu entdecken.

Aufgepasst
Rund um den Gardasee ist zur Sommerferienzeit »Rambazamba« angesagt, vor allem in den Monaten Juli und August sollten Sie das Gebiet eher weiträumig meiden.

Mein Übernachtungs-Tipp in Trento
Hotel **Aquila D'Oro** *mit tollen Themenzimmern, einer Street-Bar und lecker Frühstück im Herzen der Stadt, Via Belenzani 76, I-38100 Trento Tel.: +39 (0) 461/98 62 82 info@aquiladoro.it, www.aquiladoro.it*

Kartenmaterial
Motorrad Powerkarten »Alpen und Gardasee« Blatt 6, laminierte Tourenkarten im Maßstab 1:250.000, ISBN 978-3-937418-23-0.

Im Internet
www.gardasee.com, www.visittrentino.it/de www.valsugana.de, www.termedilevico.it www.rovereto.de

Anspruchsvoller geht's nimmer

Das Engadin ist das Schweizer »Dach der Alpen«. Folgen Sie mir zur anspruchsvollsten Tour in diesem Buch ...

Tolles »Warm-up«: Der Forcola di Livigno eignet sich perfekt zur Einstimmung.

TOUR 13 ENGADIN

Überholverbot: Wenn Italiens Radler radeln, gehört ihnen die Piste komplett.

Zugegeben, St. Moritz als Tourenstandort klingt zunächst recht teuer. Doch das stimmt so vor allem im Winter, wenn die echten und die Möchtegern-Promis zuhauf in diesem auch heute noch bildhübschen Bergdorf einfallen. Im Sommer kommt auch St. Moritz zur Ruhe, ja zur Besinnung. Da lohnt es sich, hier oder in den umliegenden Ortschaften eine Unterkunft für ein langes, kurvenreiches Engadiner Wochenende zu buchen. Bei diesem uns umgebenden Ambiente, dieser wahrlich atemberaubenden Landschaft darf's dann auch ein kleinwenig teurer sein. Man gönnt sich ja sonst nicht viel, oder?!

Unsere erste Engadiner Rundtour beginnt ganz gemütlich, steigert sich nach gut einem Drittel allerdings erheblich und erreicht mit der Eroberung der legendären Nordostrampe des Stilfser Jochs den fahrerischen Höhepunkt des gesamten Buches. Doch keine Sorge, für erfahrene Biker ist das Joch längst eine Kür und für denjenigen, der diese Tour komplett gemütlich fahren möchte, habe ich rechtzeitig vorher eine Abkürzung parat, die absolut stressfrei zum Gipfel jedes Bikerlebens führt.

Paradies im Rückspiegel

Wenn Sie jetzt aus St. Moritz gen Norden aufbrechen und in Ihren Rückspiegeln das Panorama der Engadiner Seenplatte auftaucht, zögern Sie nicht: Dem widmen wir uns am Ende von Tour 14 noch intensiv. Heute geht es erst einmal über Celerina und Samedan halb hoch auf linker Talseite nach Zuoz, einem Engadiner Bergdorf mit höchst spannender Geschichte. Im 12. Jahrhundert kaufte der Bischof von Chur den damaligen Bergbauernhof, um ihn sukzessive zum Mittelpunkt seiner Herrschaft auszubauen. 400 lange Jahre gelang ihm dies wahrlich perfekt, bis Ende des 15. Jahrhunderts das österreichische Kaiserheer besitzergreifend über den Cassanapass zog und plündernd ins Engadin einfiel. Doch groß war die Verwunderung der Söldner, als sie Zuoz in Schutt und Asche vorfanden. Die Bewohner selbst hatten ihre schmucken Häuser angezündet, um den feindlichen Heerscharen keine Beute zu überlassen. Als die Österrei-

---

TOUR-CHECK

Land und Region: Schweiz – Engadin (Abstecher Italien, Südtirol)
Empfohlener Tourenstandort: St. Moritz
Länge: 200 km
Schwierigkeit: anspruchsvoll (Alternative: mittel)
Höchster Punkt: 2760 m
Beste Reisezeit: Mai - Oktober

ENGADIN

cher wieder abgezogen waren, baute man kurzerhand zahlreiche der imposanten Bürgerhäuser rund um den sehenswerten Dorfplatz wieder auf.

Falls Ihnen kurz vor Zuoz der Wegweiser zum Albulapass ins Auge gestochen ist, auch den werden wir uns intensiv auf der kommenden Runde gönnen. Ebenso wie den Flüelapass, der mitten im sehenswerten Engadiner Städtchen Zernez links abzweigt. Wir verlassen – vielleicht nach einem kleinen Boxenstopp in Zernez – das mächtige Inntal und wedeln durch sich allmählich um uns schließenden Tannenwald hinauf zum Pass dal Fuorn, dem Ofenpass inmitten einer der schönsten Regionen dieses Landes, dieser wunderbar friedlichen Schweizer Bergwelt.

Eine perfekt asphaltierte Piste führt uns in einigen Serpentinen durch den Schweizer Nationalpark bergan gen Osten. Nach wenigen Kilometern liegen rechter Hand die Grenzstation zu Italien sowie der ampelgeregelte Tunneleingang zum Livigno-Tal, den wir aber tunlichst ignorieren. Die Passhöhe selbst bildet ein kleiner Hügel, auf dem ein Gasthaus zunächst den Blick gen Südosten versperrt. Haben wir diesen beliebten Bikertreff – und das obligatorische Passschild – passiert respektive fotografiert, öffnet sich die Landschaft in Richtung Ortlergruppe und Stilfser Joch Nationalpark. Geschwind wie der Wind huschen wir auf der östlichen Rampe des Ofenpasses anschließend über breite Serpentinen talwärts Richtung Val Müstair. Dieses Val Müstair ist eines der schönsten Bergtäler der Schweiz, eine Komposition aus einmaliger Naturlandschaft und sich harmonisch darin einfügenden Bergdörfern, denen auch die Zeiten des Tourismus nichts von ihrer Ursprünglichkeit rauben konnten. Ja, das Val Müstair besitzt sogar durch seine gen Südosten orientierte Lage ein eigenes Klima. Das Wetter ist auffallend mild, die mächtigen Gebirgszüge der Sesvennagruppe halten Wind und Regen fern.

Und nun bitte aufgepasst: Alpenerfahrene Biker mit Lust auf die legendäre Stilfser Joch Nordostrampe bleiben bitte »on track«. All diejenigen, die das Joch gemütlicher erobern wollen, biegen bitte im Örtchen Sta. Maria rechts hinauf zum ausgeschilderten Umbrailpass ab.

Heimlich hinten herum zum Höhepunkt

Der Umbrailpass ist der höchstgelegene Autopass der Schweiz – und ganz unter uns gesagt, die wesentlich gemütlichere Aufstiegsvariante für den Passo di Stelvio. Die Strecke von Sta. Maria wurde bereits 1901 fertiggestellt und stellte die historische Verbindung zwischen dem Vinschgau und dem Veltlina dar. Die Straßenführung ist kehrenreich, die Spitzkehren besitzen zudem ein gerüttelt Maß an Steigung. Nahe der Baumgrenze wechselt der Straßenbelag dann in lockeren Rollsplitt und verlangt unsere Aufmerksamkeit sowie eine gefühlvolle Gashand. Vorsicht ist hauptsächlich in den Kurven geboten, da sich deutliche Spurrillen gebildet haben. Wir queren ein im Sommer ausgetrocknetes Flussbett, bevor wir im oberen Drittel wieder auf geteerte Verhältnisse stoßen. In der Ferne winkt bereits der Kamm des Stilfser Jochs zu uns herüber, während eine kleine Bergwirtschaft auf dem Umbrail zur Einkehr bittet. Kurz nach der Passhöhe mündet die Straße zwischen einigen verfallenen Häusern in die von Bormio kommende Südwestrampe des Stilfser Jochs ein, das im Grunde nur noch einen Katzensprung und fünf genüssliche Kehren von uns entfernt liegt. Aber für die haben wir uns ja soeben bereits warm gefahren.

Noch Zimmer frei: Berghütte mit Offroadpiste am Ofenpass.

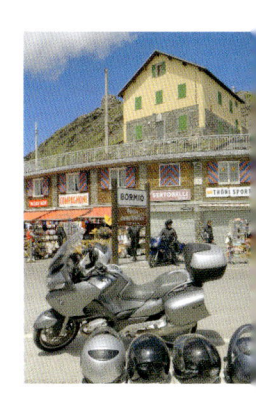

Geschafft: Das Stilfser Joch gehört in Bikers Lebens-Roadbook – unbedingt.

EINKEHRTIPP IN ZERNEZ

Café – Konditorei Giacometti, so lecker, dass sich sogar der Internetversand der Köstlichkeiten lohnt, Via Sura 78, CH-7530 Zernez, Tel.: +41 (0) 81/856 14 13, www.giacometti-lavin.ch.

TOUR 13

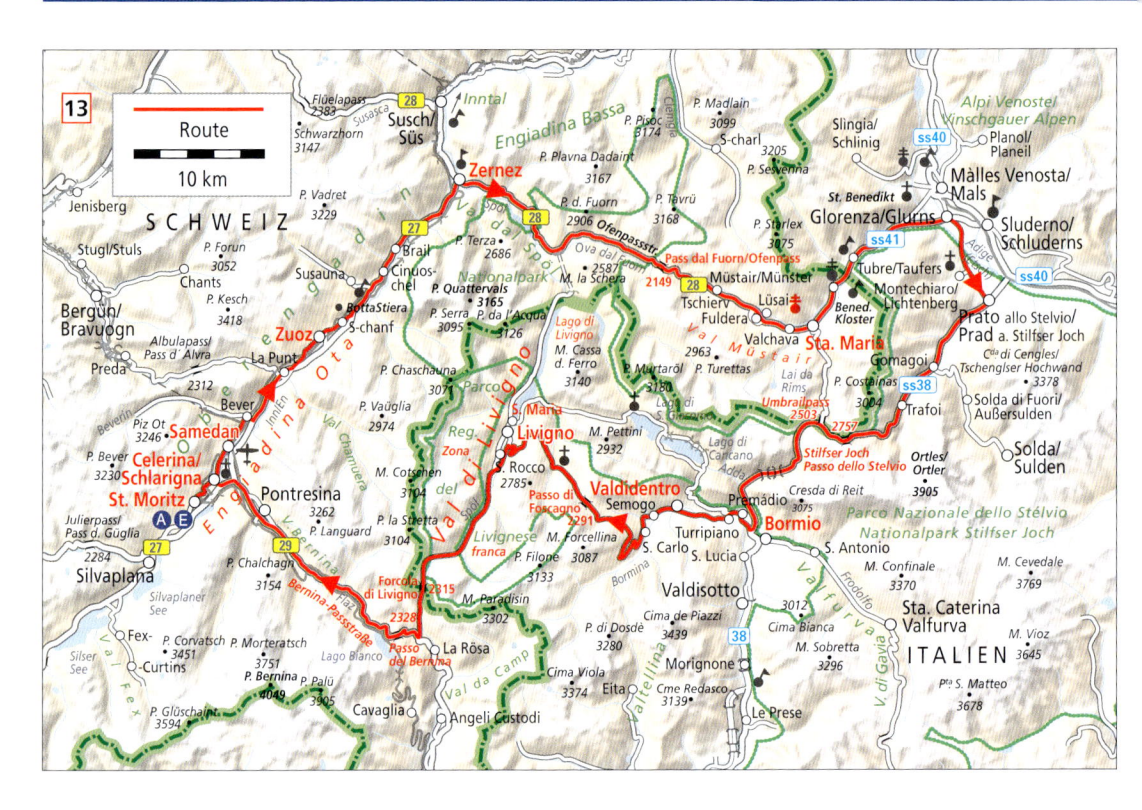

Gemütlich zum Höhepunkt: Der Ofenpass ist für Genießer.

Nun bitte Knie an den Tank

Eine kurze Stippvisite im wunderschönen Südtiroler Vinschgau führt all diejenigen, die nicht zum Umbrail abgebogen sind, anschließend von Norden an die höchste Schwierigkeitsstufe des Pässefahrens heran. Die Nordostrampe des Passo Stelvio zählt zu den schwersten Passstraßen, die ich in nun immerhin gut 20 Jahren im Sattel gefahren bin – ja ich möchte eigentlich sogar hier gleich zu Beginn der Beschreibung eine Warnung aussprechen: Bitte fahren Sie diese Rampe nur dann, wenn Sie Ihr Motorrad im Schlaf beherrschen und zudem auf ein gerüttelt Maß an Passerfahrung im Motorradsattel zurückgreifen können. Alles andere wäre nicht nur Stress pur, sondern auch Leichtsinn.

Noch ein paar Hard-Facts: Das Stilfser Joch ist nach dem Col d'Iseran der zweithöchste asphaltierte Gebirgspass der Alpen. Seine Trasse wurde 1826 vom österreichischen Kaiserreich angelegt, um die Lombardei schnellstmöglich mit den anderen Reichsteilen zu verbinden. Die Straßenführung wurde seitdem nur unwesentlich verändert und entspricht damit dem technischen und planerischen Erfahrungsschatz von vor beinahe 200 Jahren! 48 bürokratisch durchnummerierte Kehren mit Überresten alter Stellungsanlagen aus der hier verlaufenden Ortlerfront besitzt allein die Nordostrampe. Hinzu gesellen sich helmtiefe Schlaglöcher, natürlich stets auf der Ideallinie, sowie streckenweise heftig bröckelnde Steinmauern als Fahrbahnbegrenzung. Ach ja: und Spitzkehren in des Wortes kühnster Bedeutung.

Im Juli und August zur Hauptreisezeit herrscht auf der gesamten Strecke ein reges Verkehrsaufkommen vor allem auch an oftmals gänzlich überforderten Autofahrern, die ein erhebliches Sicherheitsrisiko darstellen. Daran wird wohl auch die 2009 endgültig beschlossene Erhebung einer Maut kaum etwas ändern, da der landschaftliche Reiz des Passes enorm ist. In der Diskussion sind fünf Euro für Motorradfahrer und 10-15 Euro für Pkw.

Der Rest ist purer Genuss

Die Passhöhe des Stilfser Jochs dominieren Hotels, Restaurants sowie Andenkenläden –

ENGADIN

und natürlich unzählige Möglichkeiten zu grenzüberschreitenden Benzingesprächen. Der Rest dieses Tourentages gehört dem unbeschwerten kurvenreichen Genuss. Durch gewaltige Lawinentunnels geht es hinab nach Bormio und rechts ab zu den ersten Kehren des Passo di Foscagno am Ende des herrlichen Valdidentro. Rechts und links des Lenkers dösen Almen, Bergwälder sowie prächtig gelegene Gasthöfe im Licht der Sonne. Hauptsächlich Pkw und Lkw werden auf der knapp 2300 m hoch liegenden Passhöhe, dem Zugang zur Freihandelszone Livigno, von den Zöllnern kontrolliert. Dennoch aufgepasst: Bikers vorsichtiges Vorbeischlängeln an Autokolonnen wird von den Grenzbeamten nicht gerne gesehen. Und falls die schlechte Laune haben, kann es sogar eine porentiefe Sonderkontrolle aller Taschen und Koffer kosten.

Vorbei an Liftanlagen und Gasthöfen geht es zügig hinab nach Livigno inmitten eines weiten, einst sehr einsamen Tales. 1805 erklärte es Napoleon kurzerhand zur zollfreien Zone, damit die letzten vor allem im Winter komplett von der Außenwelt abgeschnittenen Bewohner nicht auswanderten. 1910 wurde Livignos Sonderstatus von Italien und 1960 auch von der EU bestätigt. Eine Tatsache, die heutzutage einen Großteil der Attraktivität Livignos ausmacht. Lust auf einen Einkaufsbummel? Parken Sie das Bike einfach am Ortsrand und schlendern Sie eine Runde durch die quirlige Fußgängerzone.

Und danach bitte unbedingt und supergünstig randvoll tanken, einen langen Blick auf den bildhübschen Lago di Livigno werfen und der Beschilderung zum Forcola di Livigno folgen. Beinahe schnurgerade steigt dessen Nordrampe hinauf in die Berge, eine gute Gelegenheit, alle Gänge unseres Bikes sauber durchzuschalten. Die unscheinbare Passhöhe gestattet erste Blicke auf die mächtigen Drei- und Viertausender der Bernina-Gruppe. Meistens freundlich winken uns die Schweizer Grenzer durch, und nach wenigen Kehren liegt der berühmte Passo del Bernina vor unseren Reifen.

Etwas unterhalb der kargen Passhöhe liegt das Ospizio Bernina mit großem Bikertreff sowie zwei kleinen Gletscherseen. Über die gut ausgebaute Bernina-Passstraße pendeln wir retour zu unserem Ausgangspunkt in St. Moritz und lassen den Tourentag bei Engadiner Kulinarik ausklingen. Und noch ein Tipp: Sobald es dunkel geworden ist, schauen Sie unbedingt einmal himmelwärts. Das Engadiner Sternenzelt ist nicht nur für Stadtmenschen atemberaubend schön.

Da macht auch Pausieren Spaß: Der idyllische Lago di Livigno.

TOUR 13 IM ÜBERBLICK

Allgemeines
»So fern von allem, so metaphysisch…hier ist gut leben, in dieser starken, hellen Luft, wo die Natur auf wunderliche Weise zugleich wild, feierlich und geheimnisvoll ist. Wohl wahr, der schönste Winkel der Erde…« jubelte Friedrich Nietzsche, als er seine kreativsten Sommermonate 1881 bis 1888 im Oberengadin verbrachte. Die überraschende Weiträumigkeit seiner Pässe lädt ein zum Durchatmen, die urplötzliche Enge der Täler zwingt zur Besinnung auf das Wesentliche. Den Reiz des Engadin gänzlich ohne Emotionen zu beschreiben, hieße das Unmögliche zu versuchen.

Aufgepasst
Fahrerisch ist im Tourenbeschrieb alles schon gesagt, bedenken Sie aber, dass Sie sich in hochalpinem Gelände bewegen. Mit allen klimatischen Überraschungen, die vorstellbar sind – Schnee und Eis bis in den Juni hinein bzw. ab Oktober.

Mein Übernachtungs-Tipp in St. Moritz
Hotel Laudinella
Via Tegiatscha 17, CH-7500 Sankt Moritz
Tel.: +41 (0) 81/836 00 00
info@laudinella.ch, www.laudinella.ch

Kartenmaterial
Motorrad Powerkarten »Alpen und Gardasee« Blatt 2 + 5, laminierte Tourenkarten im Maßstab 1:250.000, ISBN 978-3-937418-23-0.

Im Internet
www.engadin-start.ch, www.suedtirol-it.com
www.stmoritz.ch, www.nationalpark.ch

TOUR 14

Farbenfroher geht es nicht mehr: Das Engadin im Bikerherbst.

ENGADIN & GRAUBÜNDEN

Und noch einmal richtig hoch hinaus!

Hier geht's lang zum stressfreien Engadiner Kontrastprogramm – von Albula bis Maloja.

Nur wenige Wochen schneefrei: Der Flüela-Pass im Oberengadin.

Unsere zweite Runde durch das prächtige Engadin und die östlichen Teile Graubündens besitzt mit Albula- und Flüelapass ebenfalls zwei berühmte Höhepunkte für Bikers Lebens-Roadbook. Beide Pässe sind allerdings im direkten Vergleich zum Stilfser Joch aus Tour 13 gemütlich und absolut stressfrei zu erobern – sofern natürlich das Alpenwetter mitspielt. Im Frühling und auch frühen Herbst rechnen Sie bitte vor allem auf dem Flüela zumindest mit kalten Winden, die oben auf den Passhöhen um jede Ecke pfeifen. Aber auch Schnee und Glätte können als morgendliche Überraschung auf uns lauern.

Noch einmal schwingen wir von St. Moritz aus Richtung Norden nach Samedan und weiter nach La Punt – Chamues. Dort in der Ortsmitte aber bitte den Blinker links setzen und dem Wegweiser zum Albulapass folgen. Und dann bitte die Knie an den Tank, denn der Kehrentanz beginnt nach wenigen Metern.

Der Albulapass verbindet das Tal des Hinterrheins bei Thusis mit dem Engadin, hat seine verkehrstechnische Bedeutung allerdings nach dem Bau der Albula-Eisenbahn weitestgehend eingebüßt. Doch eben das macht ihn für Motorradfahrer so reizvoll, denn wir müssen ihn jetzt nur noch mit einer Vielzahl an Schweizer Tofffahrern und ein paar Pkw-Touristen teilen, die allesamt mit der gleichen Intention hierher kommen: Ausgiebige Kurvenhatz inmitten einer prächtigen hochalpinen Bergwelt zu genießen.

Bergab auf einer Schlittenpiste

Auf der Passhöhe angekommen, weitet sich der Ausblick auf eine Hochebene mit einem Bergsee. Das schlichte Albula-Hospiz bietet sich für einen Einkehrschwung an, und wer zwischen dem Auspuffdröhnen der Schweizer Biker ab und an ein schrilles Pfeifen hört, der ahnt, dass es sich hier oben auch einige Murmeltier-Kolonien ganz gut gehen lassen. Ob nun die westliche oder die östliche Rampe des Passes heutzutage die schönere Strecke ist, darüber mag man herzhaft streiten. Beide Teilstrecken führen aber völlig zu Recht das grüne Band besonderer landschaftlicher Schönheit. Ab dem Örtchen Bergün wird's deutlich enger,

---

TOUR-CHECK

Land und Region: *Schweiz – Engadin, Graubünden*
Empfohlener Tourenstandort: *St. Moritz*
Länge: *185 km*
Schwierigkeit: *mittel*
Höchster Punkt: *2385 m*
Beste Reisezeit: *Mai – Oktober*

ENGADIN & GRAUBÜNDEN

Echt sehenswert: St. Moritz mit seinem See im Herzen des Oberengadin.

die Piste deutlich reicher an Schlaglöchern. Ein Teil dieser Strecke wird übrigens im Winter als fünf Kilometer lange Rodelstrecke benutzt – bestimmt auch ein Erlebnis.

Westlich von Tiefencastel im hübschen Bergdorf Alvaneu auf gut 1200 m Höhe pendelt die Passstraße des Albula aus, wir wenden uns auf der Kantonsstraße Richtung Osten nach Davos. Schon Thomas Mann weilte in der nach eigenen Angaben »höchstgelegenen Ferien- und Kongressstadt Europas« auf 1600 Metern, sammelte in den Davoser Heilkliniken Fakten und Eindrücke für seinen berühmten »Zauberberg«. Und gleichwohl Davos in diesem Roman nicht unbedingt von seiner Schokoladenseite beschrieben wurde, verhalf der Schriftsteller dem Ort damit doch zu internationalem Ruhm. Ein wahrlich guter Grund für die Davoser, sich letztendlich mit dem 1955 gestorbenen Schriftsteller auszusöhnen.

Es kann sehr kalt werden

Kurz vor dem Ufer des Davoser Sees zweigt die Rampe hinauf zum Flüelapass rechts ab. Auch er besitzt für uns Biker trotz eher unspektakulärer fahrerischer Herausforderungen einen ganz besonderen Reiz: Seit der Eröffnung des etwas nördlich von Klosters ins Unterengadin verlaufenden Vereinatunnels mit seiner Autoverladung hat die verkehrstechnische Bedeutung des Flüelapasses von Davos im Landwassertal nach Susch im Unterengadin deutlich nachgelassen. Und deshalb gehört so eine Kurvenhatz über den Pass zu den herrlichen Momenten in einem Bikerleben, in denen man fernab allen Reise- und Durchgangsverkehrs ganz gemütlich oder auch forsch über einen Pass fegen kann. Deshalb gönnen Sie sich den Flüelapass bei Ihren Besuchen im Engadin oder Graubünden unbedingt.

Die Westrampe führt als gut ausgebaute Straße zunächst durch lichten Mischwald bergan, erst in der Mitte des Flüelatales erlauben weite Almen einen ersten schweifenden Blick auf den vor uns liegenden Pass. Hinter dem Bergdorf Tschuggen liegen dann die ersten Serpentinen vor uns, die gesamte Gegend wird deutlich karger. Die Passhöhe liegt auf einem felsigen Hochplateau, das Hospiz mit obligatorischer Andenkenbude und ein kleiner See laden zur aussichtsreichen Rast. Auf der Ostrampe wird die Strecke deutlich holperiger, und abschnittsweise gleicht sie einer Schlaglochpiste, die man immer wieder während der wenigen Sommermonate zu flicken versucht.

Pässe erobern auf historische Art

Eine ganz andere, ja richtiggehend historische Art der Pass-Eroberung bietet die Postkut-

---

EINKEHRTIPP IN DAVOS

Bündner Nusstorten, Birnbrote, Parsennsteine – doch vor allem die hausgemachten Pralinen aus dem **Café Weber** sprengen jede Lederkombi! Promenade 148, CH-7260 Davos Dorf, Tel.: +41 (0) 81/410 11 22, www.cafe-weber.ch

TOUR 14

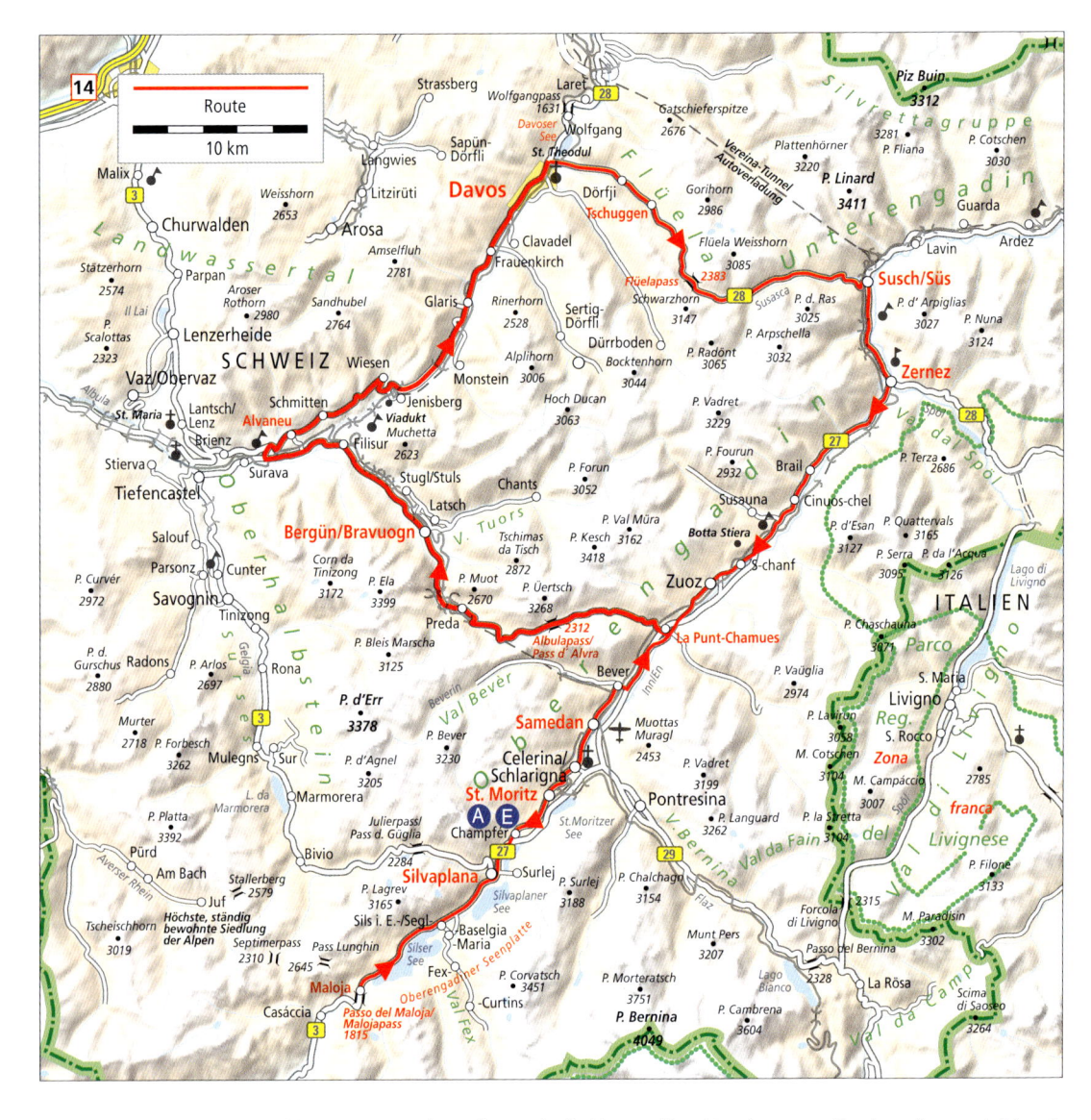

schenfahrt von Davos hinauf zum Flüela-Hospiz. Die originalgetreu nachgebaute Postkutsche startet mit einem Gespann von 6 Pferden in der Sommersaison jeden Dienstag vom Bahnhof Davos Platz zu ihrer Reise durch die Geschichte. Alternativ können Sie auch eine Kombination aus Postkutsche und historischem Postauto buchen, um den Flüelapass zu erfahren. Ein Erlebnis nicht nur für das Kind im Biker. Alle Infos dazu finden Sie unter www.davoshotelevent.ch.

Und mit ein wenig Glück können Reisende oben am Flüela vielleicht einen Blick auf die dort im Sommer 2007 erstmalig wieder aufgetretenen Braunbären erhaschen, die – ganz im Gegensatz zu Bayern – dort oben trotz manch gerissenem Schaf in Ruhe gelassen werden, solange sich ihr Verhalten nicht gefährdend auf Menschen auswirkt.

EINKEHRTIPP IN SILS

Im *Café-Konditorei Grond* unbedingt probieren: Die Silser Kugeln – gibt's nur hier! Chesa Survial, 7514 Sils Maria Engadin, Tel.: +41 (0) 81/826 52 13, www.grond-engadin.ch

ENGADIN & GRAUBÜNDEN

Einige Serpentinen später begrüßt uns das Örtchen Susch retour im sonnigen Engadin. Apropos Sonne: Nicht nur, wenn die Reise über Albula und Flüela überraschend frostig war, lohnt es sich, diese Rundtour genüsslich entlang der sonnenverwöhnten Seeufer der Silvaplana ausklingen zu lassen. Natürlich mit einem Blick auf den legendären – aber ganz unter uns gesagt, fahrerisch eher unspektakulären – Malojapass. Dazu huschen wir nach Süden über Zernez und St. Moritz hinaus Richtung Silvaplana.

Allen Eisenbahnfans sei an dieser Stelle noch ein ganz anderer Genuss empfohlen: der legendäre Bernina-Express. Auf einer der schönsten Bahnstrecken der Welt fährt die Rhätische Bahn mit ihrem Bernina-Express von Chur über Pontresina und St. Moritz hinauf zum Bernina-Hospiz auf 2253 m und weiter ins italienische Tirano. Die zum Teil abenteuerlich angelegte Bahntrasse bietet atemberaubende Ausblicke auf die Eisriesen- und Gletscherwelten der Bernina-Gruppe. Heutzutage ein Renner, stand die 1919 privat erbaute Bahnlinie allerdings mehrmals vor dem Ruin. 1944 sicherte die Fusion mit der Rhätischen Bahn ihren Erhalt. Zwei Stunden dauert die Fahrt von St. Moritz über den Bernina nach Tirano. Rechtzeitige Platzreservierung ist unbedingt zu empfehlen. Informationen gibt es unter www.rhb.ch.

Schöner als jedes Bilderbuch

Gleich hinter St. Moritz öffnet sich dann das Inntal weithin zur Oberengadiner Seenplatte. Tiefgründiges Schmelzwasser streitet mit dem azurblauen italienischen Himmel und schneeweißen Gipfelwelten um die Gunst des Augenblicks. Zweifelsohne eine der schönsten Postkarten-Landschaften der Schweiz erwartet uns hier. Entlang der Seen liegen zahlreiche Parkbuchten, in denen wir das Bike für einen langen Augenblick abstellen können, um die ganze Pracht bis ins kleinste Detail zu erfassen. Das sind regelmäßig die Momente, in denen die Speicherkarte meiner Kamera heiß läuft.

Tja und wenige Kurven weiter liegt er dann vor uns – der Maloja: Berühmtes Kurvenparadies in hochalpiner Welt. Und wenn sich wieder einmal im Bergdorf Maloja die Reisebusse stapeln, sollten Sie mit ein wenig Zeit im Tankrucksack die Passstraße hinab Richtung Italien schwingen. Eine deutlich milde Brise umschmeichelt Mensch und Motorrad, herrliche Rechts-Links-Kombinationen lassen unseren Gleichgewichtssinn jubilieren. Gas geben, anbremsen, ausholen, durchschwingen und erneut Gas geben – perfektes Training für die hohe Kunst des alpinen Motorradelns. Viel zu schnell sind die Kehren zu Ende und die Straße läuft in Blumenwiesen aus.

Berühmter Engadiner: Der Albulapass zählt zu den höchsten Pässen des Engadins.

TOUR 14 IM ÜBERBLICK

Allgemeines
Das Engadin ist eines der höchstgelegenen, bewohnten Täler Europas und gut 80 km lang. Der südliche Abschnitt des Oberengadins begeistert vor allem durch seine Engadiner Seenplatte sowie ausgedehnte Arven- und Lärchenwälder mit einer prächtigen Färbung im Herbst. Das Unterengadin ist enger, wilder und landschaftlich rauer, der mächtige Inn rauscht hier seit Jahrtausenden über Felsen und gräbt sich konsequent sein Bett zwischen engen Felswänden.

Aufgepasst
Auch wenn wir uns nach dem gestrigen Stilfser Joch als wahre Passkönige fühlen, auch Albula und Flüela sind Strecken in hochalpinem Gelände. Mit Schnee auch an Sommertagen und Eisglätte bis weit in den Mai hinein. Der abendliche Wetterbericht – noch nie war er wertvoller, als in de Alpen.

Mein Übernachtungs-Tipp in St. Moritz
Hotel Laudinella, Via Tegiatscha 17, CH-7500 Sankt Moritz, Tel.: +41 (0) 81/836 00 00 info@laudinella.ch, www.laudinella.ch

Kartenmaterial
Motorrad Powerkarten »Alpen und Gardasee« Blatt 2 + 5, laminierte Tourenkarten im Maßstab 1:250.000, ISBN 978-3-937418-23-0.

Im Internet
www.engadin-start.ch, www.suedtirol-it.com
www.graubuenden.ch, www.davos.ch, www.rhb.ch

TOUR 15

Unterwegs im Abseits: Viele Pisten im Wallis gehören Bikern nahezu ganz allein.

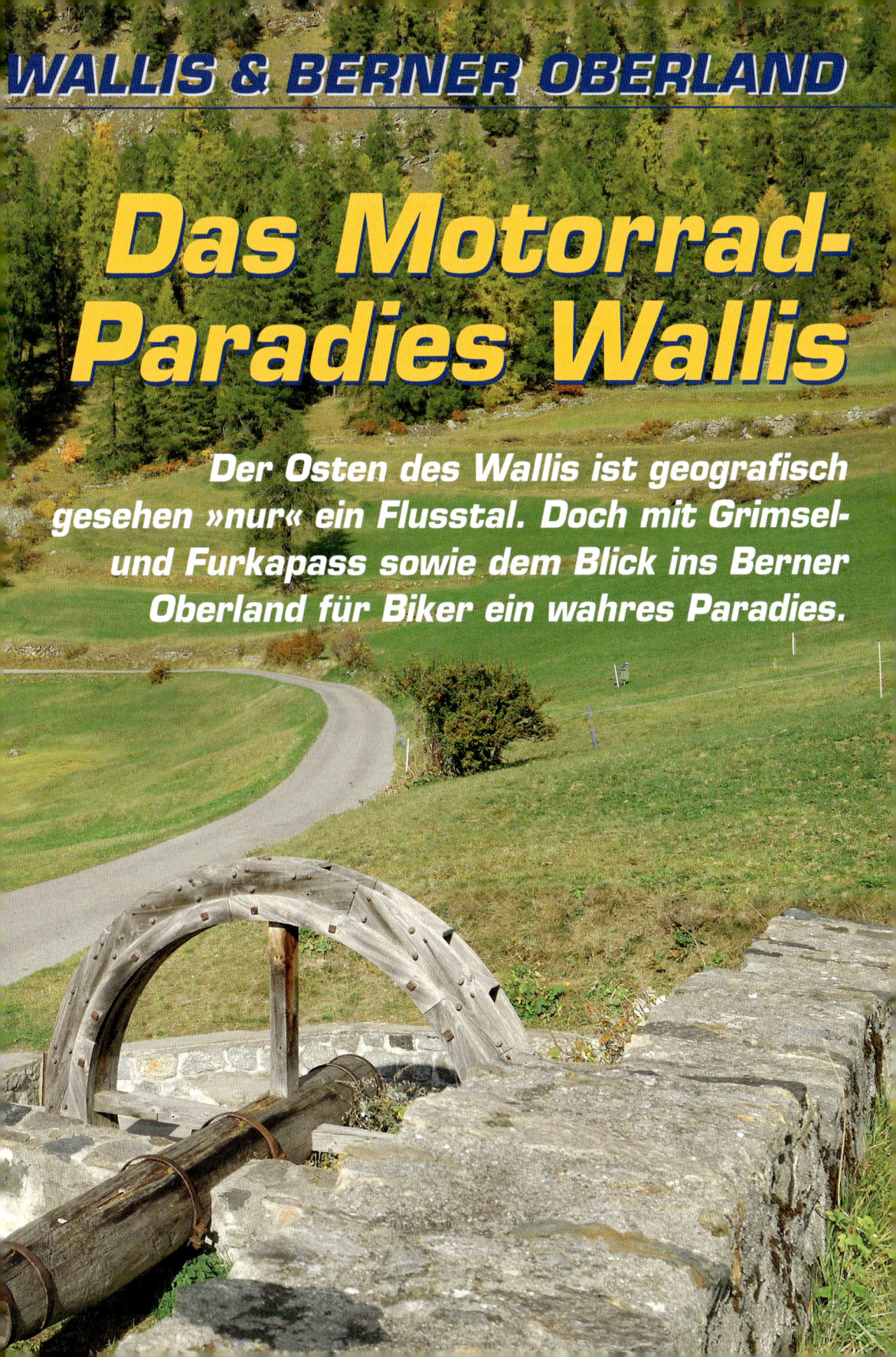

WALLIS & BERNER OBERLAND

Das Motorrad-Paradies Wallis

Der Osten des Wallis ist geografisch gesehen »nur« ein Flusstal. Doch mit Grimsel- und Furkapass sowie dem Blick ins Berner Oberland für Biker ein wahres Paradies.

Ehrfürchtige Legende: Die »Tremola« – die historische Gotthard-Südrampe.

Geografisch betrachtet ist es eigentlich nur ein gewaltiges Flusstal mit einigen als Sackgassen rechts und links abzweigenden Tälern. Doch spätestens nach dem ersten Besuch im Wallis werden auch Sie von der Landschaft, der Natur und ihrer Vielfalt, aber auch den Menschen hier begeistert sein. Da bin ich mir sicher. Lassen Sie uns die Highlights des Wallis auf zwei Rundtouren erkunden, für deren gepäckfreie Reise ich Ihnen eine Unterkunft entweder in Brig oder im nahe liegenden Leuk empfehlen kann.

Die erste Rundreise durch das Wallis führt uns in den hochalpinen Osten, wir werfen einen ausgiebigen Blick hinüber ins angrenzende Berner Oberland und wedeln über die berühmtesten Pässe dieser Region heim in unsere Unterkunft. Dazu wenden wir das Motorrad nach dem Frühstück Richtung Fiesch und düsen auf der gut ausgebauten Kantonsstraße 19, der Furkastraße, ganz gemütlich bergan durch kleine Ansiedlungen mit diesen typisch dunkelbraunen Walliser Holzhäusern aus mächtigen Baumstämmen und den winzigen, blumengeschmückten Fenstern. Das Bergdorf Ulrichen zum Beispiel ist ein sehenswertes, bildhübsches Beispiel alter Walliser Bautraditionen.

Pflichttermin am Furka

Die Furka-Passstraße folgt nach dem hübschen Walliser Dorf Ulrichen auf weiter Strecke der Furka-Oberalp-Zahnradbahn, deren historische Dampfloks sich heute noch an manchen Sommertagen mit mächtig viel Ruß den Berg hinaufquälen. Gletsch selbst besteht aus einem alten Bahnhof und mehreren Hotels, kaum etwas erinnert noch daran, dass

TOUR-CHECK

Land und Region: Schweiz – Wallis / Berner Oberland
Empfohlener Tourenstandort: Brig oder Leuk
Länge: 230 km
Schwierigkeit: leicht bis mittel
Höchster Punkt: 2481 m
Beste Reisezeit: Mai - Oktober

WALLIS & BERNER OBERLAND

früher viele britische Aristokraten hier Erholung in der Sommerfrische suchten. Doch damals reichte der berühmte Rhonegletscher auch noch bis vor die Haustür von Gletsch. Heutzutage ist er nahezu gänzlich verschwunden und nur im oberen Abschnitt des Passes noch in seinen traurigen Resten zu entdecken. Lassen Sie uns vor der Weiterfahrt zum Grimsel kurz den Furkapass erklimmen. Vorbei am historischen Hotel Belvedere schraubt sich die Strecke hinauf in den Himmel. Eine der Serpentinen bietet die Möglichkeit, sich die Reste des berühmten Rhonegletschers einmal aus der Nähe anzusehen. Auf der Passhöhe angekommen, liegt der Kanton Uri in seiner ganzen Pracht vor unserem schweifenden Blick. Nach dem obligatorischen Pass-Foto geht es retour nach Gletsch und weiter im Programm.

Mächtig rauchende Geschichte

In den Sommermonaten quarzt sie dann gemeinsam mit uns durch diese atemberaubende Bergwelt: die historische Zahnrad-Dampfbahn auf der Furka-Bergstrecke. Sie war bis 1981 Bestandteil der Furka-Oberalp-Bahn, die von Disentis über den Oberalp- und Furkapass bis nach Brig im Wallis fuhr. Der Bau der technisch hoch anspruchsvollen Zahnradstrecke über den Furkapass wurde 1911 begonnen, und 1925 war feierlich Streckeneröffnung. Aufgrund der fast 7-monatigen Winter-

Schnauferl-Tipp: Die historische Furka-Dampflok fährt im Sommer wieder.

EINKEHRTIPP NAHE ULRICHEN

Restaurant **Zum Lärch** *von Angela Imwinkelried, ein Bikertreff mit leckerem Essen und einigen Pensionszimmern, gut 2 km nordwestlich von Ulrichen, CH-3988 Obergesteln, Tel.: +41 (0) 27/973 10 01, www.laerch.ch*

Typisch Wallis: Dunkle, wärmespeichernde Holzhäuser, wie hier in Ulrichen.

TOUR 15

Beliebter Tourenstandort: Das Walliser Städtchen Brig mit seinen Geschichten.

pause und den anschließend äußerst kostspieligen Frei- und Aufräumarbeiten kam der Betrieb rasch in finanzielle Not. Nach Fertigstellung des Furka-Basistunnels wurde er 1981 komplett eingestellt. Den daraufhin geplanten kompletten Rückbau der Bahnstrecke konnten die Eisenbahnfreunde des Vereins »Furka Bergstrecke« sowie die 1985 gegründete »Dampfbahn Furka-Bergstrecke AG« bis heute erfolgreich verhindern. Finanziert hauptsächlich durch Spenden und den Verkauf von »Liebhaber-Aktien«, wurde die Restauration der gesamten Strecke sowie einiger Dampfloks durchgeführt. 1992 wurden erste Teilabschnitte wiedereröffnet, 1993 und 2001 folgte die Verlängerung bis Gletsch. Ab Sommer 2010 hofft man die gesamte alte Strecke wieder fahren zu können. Doch bereits heute ist eine Fahrt mit der schnaubenden Dampflok hinauf zum Furkatunnel ein Erlebnis für Jung und Alt – alle Infos unter www.s-f-b.info oder www.furka-bergstrecke.ch.

Top Ten der Schweiz

Der Grimselpass zählt natürlich zu den Top Ten der Schweizer Alpenpässe speziell auch für Motorradfahrer und gehört ohne Zweifel in unser Lebens-Roadbook. Dies umso mehr, als er fahrerisch und landschaftlich ein echter Genuss ist und sich – wie Sie hier sehen – perfekt mit anderen namhaften Pässen kombinieren lässt. Die Passhöhe liegt auf 2165 Metern

WALLIS & BERNER OBERLAND

direkt auf der europäischen Wasserscheide Nordsee-Mittelmeer. Eine Besonderheit des Grimselpasses ist sein obligatorisches Hospiz, das sich diesmal nicht auf der Passhöhe, sondern ein deutliches Stück unterhalb an der Nordrampe befindet.

Bereits 1397 stand unterhalb des Passes das Grimsel-Hospiz, eine Unterkunft für Säumer, Viehhirten und Wanderer. Heutzutage beherbergt das restaurierte Hospiz ein Hotel mit berühmtem Weinkeller und ist ein beliebter Bikertreff abseits des Auspuffdröhnens auf der Passhöhe. Wem es also oben auf der Passhöhe zu laut werden sollte, dem empfehle ich den Einkehrschwung im Grimselhospiz inmitten historischer und hoch authentischer Umgebung. Und wenn dann die Abendsonne den gewaltigen Grimselsee-Speicher vor uns vergoldet, dann sind das Eindrücke, die für immer in Erinnerung bleiben. Auch ohne Fotoapparat. Alle Infos unter www.grimselwelt.ch – Rubrik »Hotels« – Grimsel Hospiz.

Die Nordrampe des Grimsel hinunter nach Innertkirchen im Berner Oberland ist eine beliebte »Rennstrecke« der Schweizer Tofffahrer – soweit es die Geschwindigkeitsbegrenzungen erlauben. In Innertkirchen selbst zweigt unser weiterer Weg rechts ab, folgen Sie einfach der Beschilderung zum Sustenpass. Er verbindet die beiden Schweizer Kantone Uri und Bern miteinander. Gleich auf den ersten Kilometern bergan kann man bereits nachvollziehen, warum so mancher Motorradfahrer diese Strecke als die schönste der Alpen betrachtet. Vorbei an unzähligen »Biker willkommen«-Schildern geht es durch das bildhübsche Gadmental voran. Erst kurz vor der Passhöhe passieren wir die Baumgrenze und können den Blick ausgiebig schweifen lassen. Da hier dann auch das echte Kehrenparadies des Susten beginnt, sollten wir uns für einen lohnenden Rundumblick eine der zahlreichen Parkbuchten aussuchen. Sicher ist sicher.

Die Passhöhe selbst dominieren der Anblick des Steingletschers sowie ein Berggasthaus mit ehemaligem Hospiz, auf dessen geräumigem Parkplatz auch der Bikertreff des Passes zu finden ist. Die eigentliche Scheitelhöhe des Passes liegt allerdings im Dunklen, nämlich im angrenzenden, mehrere Hundert Meter langen Gipfeltunnel Richtung Ostseite des Passes. Von dort aus geht es in einer viel zu kurzen Kehrenhatz hinunter nach Meien und weiter nach Wassen.

Der Anblick erzeugt Gänsehaut

Über das historische Andermatt widmen wir uns dann dem berühmten St.-Gotthard-Pass,

Das Wallis lockt: Nur Esel müssen zur Querung des Gotthard überredet werden.

TOUR 15

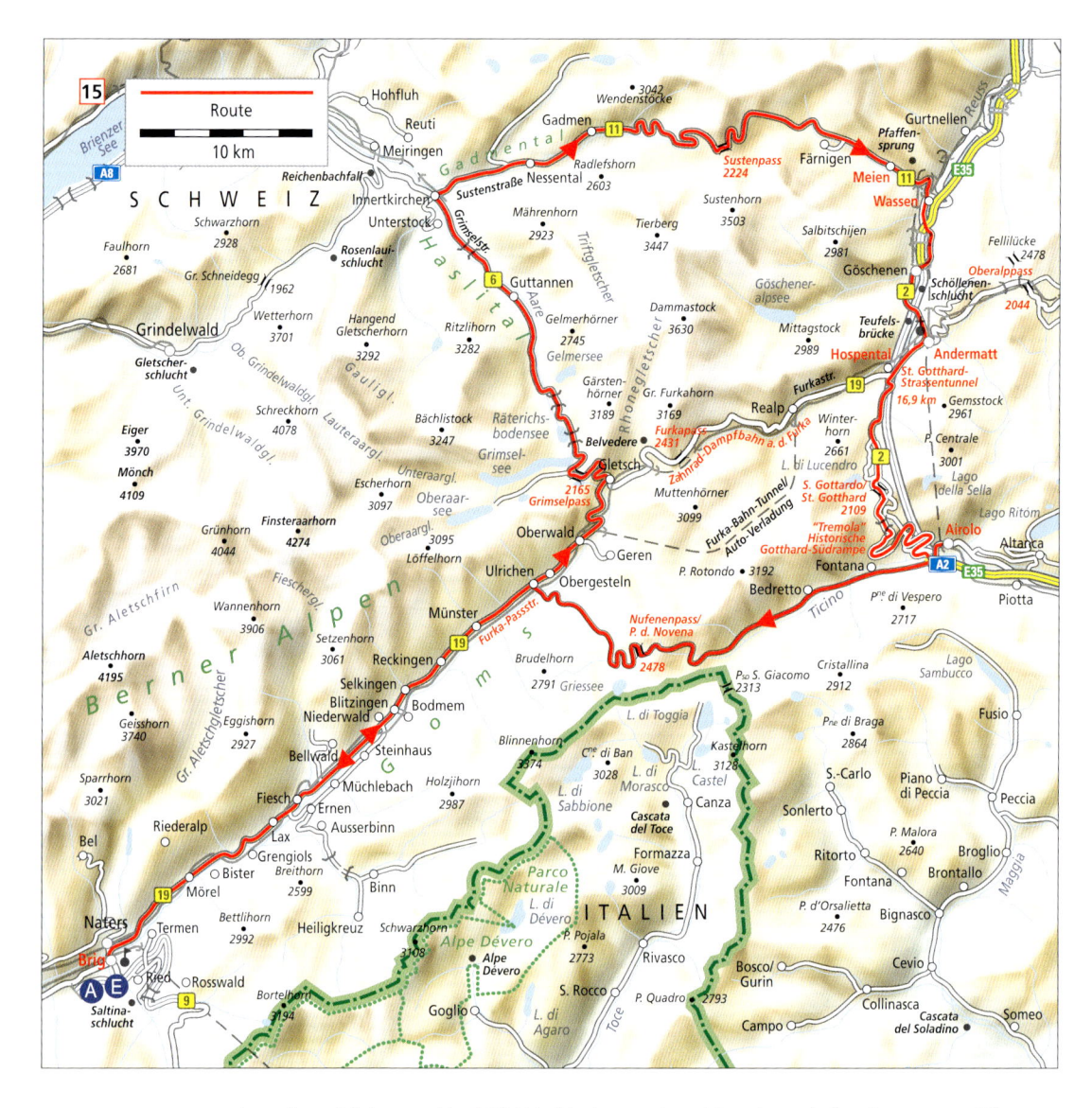

einer der wichtigsten Nord-Süd-Verbindungen über die Alpen. Gleich hinter Andermatts Vorort Hospental zweigt die Passstraße links ab, verwöhnt unseren Gleichgewichtssinn zunächst mit einigen Kurven und Kehren, um dann im oberen Drittel in eine beinahe schnurgerade Kantonsstraße überzugehen. Die Passhöhe direkt am Hospiz zieren drei Bergseen, das Denkmal General Suvorovs, der Norditalien immerhin von den Franzosen befreite und über den Gotthard heimwärts zog, sowie einige Einkehrmöglichkeiten und Andenkenläden. Auf dem großen Parkplatz treffen sich nahezu jeden Sommertag Biker aus der umliegenden Region.

Und jetzt bitte STOPP: Bevor Sie nun gen Süden einfach auf die neue Gotthard-Straße einbiegen, werfen Sie bitte einen Blick auf das vor Ihnen liegende Gelände. Dort am östlichen Felshang liegt nämlich DAS Motorrad-Highlight des Gotthard: die legendäre »Tremola«, die historische Gotthard-Südrampe, die man auch heute noch befahren kann. Eine üble Schlaglochpiste zwar, deren Anblick mir jedes Mal erneut Gänsehaut erzeugt, deren Kopfsteinpflaster dafür aber unzählige Ge-

WALLIS & BERNER OBERLAND

schichten von Freud und Leid zu erzählen hätte. Wenn Steine denn reden könnten. Mein Tipp: Vergessen Sie die neue Gotthard-Straße und gönnen Sie sich gepäckbefreit mit ruhiger Gashand und korrekt eingestelltem Federbein die »Tremola« hinunter nach Airolo. Es ist historischer Boden in des Wortes kühnster Bedeutung!

Fahrerisch haben wir nun den schwierigsten Streckenabschnitt für heute hinter uns. Dafür geht es zu guter Letzt nun nochmals ganz hoch hinaus. Denn er ist der höchste Pass der Schweiz. Kein Innerschweizer Pass ist höher als der Nufenen, und da er auf seiner gesamten Länge ohne Ausnahme das grüne Band besonderer landschaftlicher Schönheit trägt, sollten wir die Fahrt ausgiebig mit Rundumblicken würzen. Es lohnt sich, die Ausblicke auf die Berner Alpen sind grandios.

Die Passhöhe halten ein Gasthaus sowie ein Andenkenladen besetzt, ein kleiner See lädt zu einer ausgiebigen Rast inmitten prächtigen Alpenpanoramas. Wenn, ja wenn der Wettergott den Blick auf all die Schönheiten freigibt. Klimatisch wechselhaft und äußerst wolkenreich gestaltet sich allerdings oftmals das Wetter auf dem Nufenen – nicht nur für Fotografen ein Minuspunkt.

Von der Passhöhe schwingen wir dann in weiten Kurven und Serpentinen wieder retour ins Rhônetal und heim zu unserer Unterkunft und lassen den Tag mit anderen Walliser Köstlichkeiten ausklingen.

Blick zurück: Historische Postkutsche der Furka-Passstrecke, ausgestellt in Brig.

TOUR 15 IM ÜBERBLICK

Allgemeines
Das Wallis ist der drittgrößte Kanton der Schweiz und einer der am dünnsten besiedelten. Landschaftlich reicht seine Bandbreite von lebensfeindlichen Viertausendern im ewigen Eis über liebliche, verträumte Täler bis zur sonnenverwöhnten Rhône-Ebene mit sogar ausgezeichneten Weinlagen. Großstädte sucht man im Wallis vergebens, selbst die Hauptstadt Sion mit ihren gut 30 000 Einwohnern ist eigentlich noch ein sehenswertes Dorf.

Aufgepasst
Alle in dieser Runde eroberten Pässe stellen leichte, nur in wenigen Abschnitten mittelschwere Anforderungen an das fahrerische Können – bis auf die »Tremola«, die historische Gotthard-Südrampe. Diese sollten nur erfahrene Biker fahren – und das möglichst nur bei trockenem Wetter. Bei Regen wird die Rampe extrem rutschig.

Mein Übernachtungs-Tipp in Brig
Hotel Good Night Inn, Center Saltina, CH-3900 Brig
Tel.: +41 (0) 27/921 21 00
gni@brig-wallis.ch, www.brig-wallis.com

Mein Übernachtungs-Tipp in Leuk
Pension - Restaurant **Alpenrösli**
von Peter Muttenzer, CH-3953 Leuk VS
Tel.: +41 (0) 27/473 12 73
info@alpenroesli-leuk.ch, www.alpenroesli-leuk.ch.

Kartenmaterial
Motorrad Powerkarten »Alpen und Gardasee« Blatt 5, laminierte Tourenkarten im Maßstab 1:250.000, ISBN 978-3-937418-23-0.

Im Internet
www.valais.ch, www.berneroberland.ch, www.furka-bergstrecke.ch, www.grimselwelt.ch

Genuss nicht nur für den Gaumen: Die Weinberge rund um Sion

TOUR 16 WALLIS

Das kurvenreiche Herz des Wallis

Das Herz des Wallis und seine schönsten Sackgassen offenbaren uns Bikern eine enorme landschaftliche Bandbreite.

Gibt's leider nicht auf Rezept: Ein Urlaub in Leukerbad ist höchst gesund.

Unsere zweite Runde durch das prächtige Wallis zeigt uns die extreme landschaftliche Bandbreite dieser Region. Von den sonnigsten Weinlagen über heilklimatische Hochtäler bis zu den Felsenregionen der umliegenden Alpengipfel reichen die Eindrücke, die Sie am Ende dieses Tages gesammelt haben werden. Und dass die Walliser Landstraßen mehrheitlich aus Kurven bestehen, davon wird Ihr Gleichgewichtssinn noch Monate später schwärmen.

Paradies für Warmduscher

Von unserem Standort in Brig oder Leuk wenden wir uns an diesem Morgen gleich hinauf in die Berge, folgen am Rathaus von Leuk der Beschilderung nach Leukerbad. Umgehend fällt die Piste in das erste Spitzkehren-Gemenge, während sich am Horizont bereits die imposanten Gipfel der Walliser Alpen auftürmen. Bereits die Römer liebten die heißen Quellen von Leukerbad, dem heutzutage bekanntesten Thermalbad des Wallis. Weit über 20 Quellen spenden täglich gut vier Millionen Liter bis zu 50° C heißen Quellwassers direkt aus den unerforschten Tiefen der Berge und bilden auch für Bikers Rücken eine Wohltat am Ende eines langen Tages im Sattel. Wer also nicht unbedingt zentral im Wallis wohnen möchte, dem sei eines der über 3500 Gästebetten hier in Leukerbad mit entspannender Thermalbademöglichkeit empfohlen. Denn derartige touristische Schätze sollten wir keinesfalls kampflos europäischen Rentner-Kohorten überlassen!

Das nächste Walliser Highlight ist Crans-Montana, dieses viele Tage im Jahr im prallen Sonnenschein dösende Ski- und Golfressort im Herzen der Walliser Alpen auf einem natürlichen Hochplateau mit einer sehenswerten Vielfalt aus Neuem und Altem, aus modernen Hotelburgen und historisch verwurzelten Gasthöfen in trauter Zweisamkeit Haustür an Haustür. Von Frühling bis Herbst gehört der

---

TOUR-CHECK

Land und Region: Schweiz – Wallis
Empfohlener Tourenstandort: Brig oder Leuk
Länge: 230 km
Schwierigkeit: leicht
Höchster Punkt: 1675 m
Beste Reisezeit: Ende April - Ende Oktober

WALLIS

Ort dem Wanderer, Golfer und stillen Genießer, der Trubel ist vergleichsweise gering, doch kann man sich lebhaft vorstellen, was hier im Winter an schneeweißer Gaudi abgeht. Das Beste an Crans-Montata ist allerdings die Anfahrt über Veyras, Venthone, Mollens und Aminona-sur-Sierre. Von einer Schräglage schwingen wir in die nächste, jede Spitzkehre trägt uns einige Meter höher hinauf. Da haben wir uns einen kurzen Boxenstopp im historischen Zentrum des Ortes mehr als verdient.

Dies umso mehr, als wir auf dem weiteren Weg Richtung Sion tunlichst hier oben auf halber Höhe über dem mächtigen Rhônetal bleiben. Über Lens, Ayent, Anzère und Savièse pendeln wir durch berühmte Walliser Weinlagen auf winzigen Pisten dahin. Über Saint-Severin senkt sich unsere Straße dann hinab nach Sion. Seit über 1000 Jahren ist dieses Sion nun schon die Hauptstadt des Kantons und bietet zu Füßen der mächtigen Festung Valère alle Annehmlichkeiten, die man sich als Biker wünscht. Stellen Sie das Moped einfach am Fuß der Burg ab und schlendern Sie durch die mittelalterlich anmutenden, kaum mehr als schulterbreiten Gassen mit ihren Trödel- und Obstläden, mit winzigen Kneipen und Straßencafés. Es lohnt sich und ganz nebenbei können wir uns für den anschließenden Kurvengenuss stärken.

Eine Tour mit doppeltem Vergnügen

Ebenso, wie das gleich im Süden der Stadt anschließende »Doppelvergnügen« namens Val d'Herens und Val d'Hérémence, zwei im unteren Drittel miteinander verbundene Hochtäler, die Sie sich nicht entgehen lassen sollten. Typische Walliser Berghütten in dunkelbraunem, wärmespeicherndem Holz säumen unseren Weg. Bereits im verschlafenen Bergdorf Euseigne mit seinen berühmten Erdpyramiden gabelt sich die Straße und verlangt eine Entscheidung. Rechter Hand geht es durch das Hochtal Val d'Hérémence zum Stausee Lac des Dix, über die Kupplungshand führt eine zweite Straße nach Arolla in die Gletscherwelten der Seealpen. Mein Tipp: Erkunden Sie unbedingt beide Strecken bis zu ihrem ultimativen Ende. Doch vorher werfen Sie noch einen Blick auf jene Erdpyramiden, gehören sie doch immerhin zum offiziellen Schweizer »Bundesinventar der Naturdenkmäler mit nationaler Bedeutung«. Natürliche Erosion schuf im

AM RANDE ERWÄHNT

»Töff«-Fahrers so prächtiges, ja paradiesisches Alpengärtlein in seiner gesamten Vielfalt und fahrerischen Bandbreite beschreibt übrigens mein Motorrad-Reiseführer »Die schönsten Motorradrouten Schweiz«, ebenfalls aus diesem Verlag.

Spürbarer Hauch des Südens: Die Täler des Wallis sind von der Sonne verwöhnt.

TOUR 16

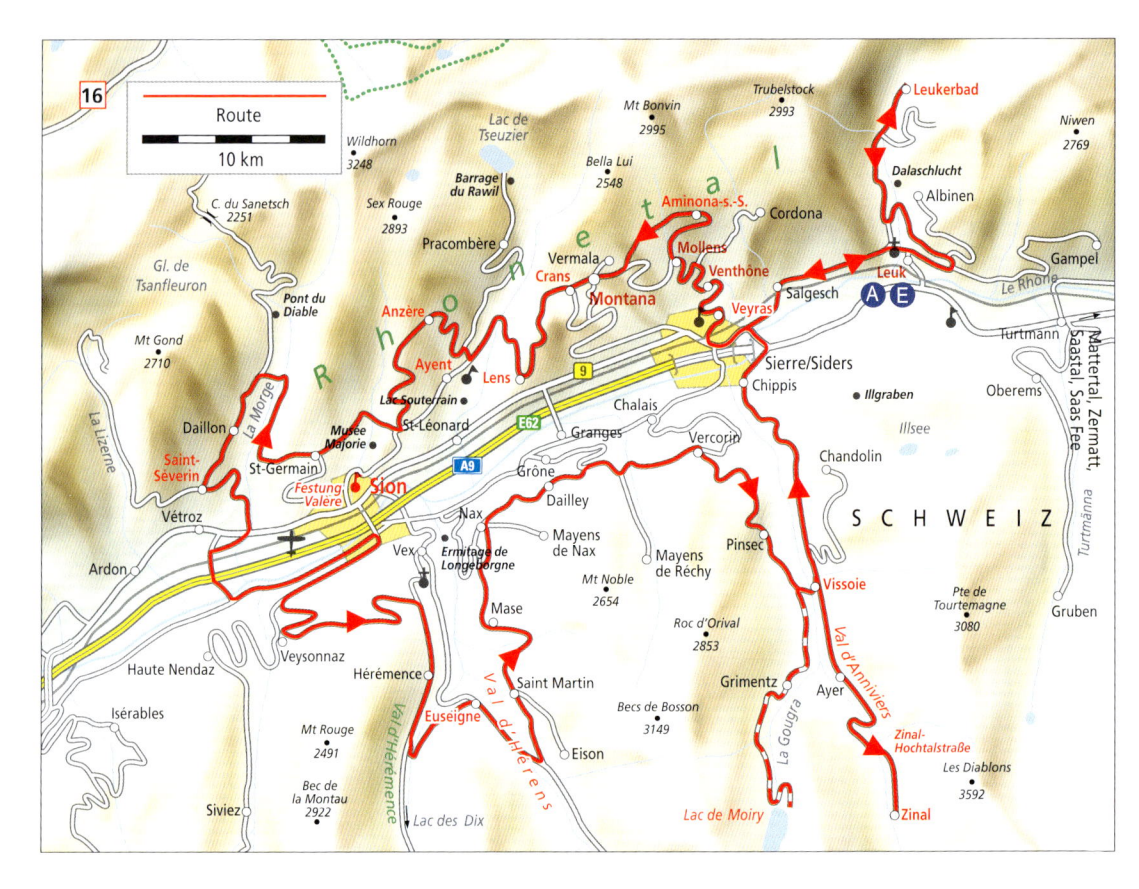

Laufe von Jahrtausenden diese bis zu 15 m aufragenden Felsskulpturen, eben jene Erosion wird sie eines Tages auch von den Landkarten des Wallis tilgen. Gut, wenn man vorher noch ein paar Fotos von ihnen machen konnte.

Auch der Lac des Dix mit seiner gewaltigen Staumauer ist ein erlebenswerter Anblick, zumal es sich hierbei um den größten Stausee der Schweiz handelt. 50 umliegende Gletscher speisen den See, eine kleine Seilbahn bringt Wanderer von Juni bis Oktober in nur 5 Minuten hinauf zur Krone der höchsten Staumauer der Welt. Die wiegt übrigens gute 15 Millionen Tonnen, ist an der Basis 200 m dick und besitzt ca. 30 km Wartungsstollen in ihrem Innern. Ein wahrlich imposantes Gebilde, wenngleich, in tristem Grau gehalten, so gar nicht in die herrliche Landschaft passend.

Zwiegespalten bis zum Schluss

Bei jeder meiner inzwischen doch recht zahlreichen Besuche im Wallis steht die für heute letzte, ebenfalls zum Ende hin gespaltene Sackgasse ganz oben auf dem Roadbook: Das Val d'Anniviers mit Zinal und dem Lac de Moiry, zwei Alpentälern, die zu den schönsten zählen, die ich in all den Jahren im Sattel entdecken durfte. Zielstrebig schlängelt sich die Landstraße gen Süden, gräbt sich mitten hinein in die Walliser Alpen. Aus horizontfüllenden Weinbergen geht es bis weit hinauf in den ewigen Schnee. »Das Tal, das irgendwo zwischen Himmel und Erde hängt«, soll Rainer Maria Rilke das Val d'Anniviers genannt haben,

EINKEHRTIPP IN SION

Vom frühen Frühstück bis zum späten Abendessen – beim **Zen**, den Zenhäusern im Herzen von Sion können Sie sich im Grunde ganztägig kulinarisch verwöhnen lassen, Place du Midi 33, CH-1950 Sion, Tel.: +41 (0) 27/327 27 21, www.chezzen.ch.

und wahrlich, trefflicher ist es auf jeden Fall kaum zu beschreiben. In Vissoie scheiden sich die Wege talaufwärts, rechts geht es über Grimentz hinauf zum Lac de Moiry, einem Speichersee auf 2250 m Höhe. Als Paradies vor allem für Wanderer lockt der See aber auch uns Biker zu einem ausgiebigen Boxenstopp vor prächtigem Alpenpanorama. Mein Tipp: Unbedingt abbiegen und anschauen!

Zurück in Vissoie vergessen Sie aber dann auf keinen Fall den Abstecher rechts weiter gen Süden in den anderen Zipfel des Val d'Anniviers zur Zinal-Hochtalstraße. Bis auf gut 1700 m Höhe geht es äußerst kurvenreich dahin. Dann am Kiesbett des Navisence ist auch für Enduros Schluss. Na ja, zumindest für die mit Gepäck und voller Beladung. Allen anderen sei an dieser Stelle gesagt, dass ein Ausflug ins Geröll einen saftigen Strafzettel der Schweizer Polizei nach sich ziehen könnte – wenn sie es denn mitbekommt.

Irgendwo zwischen Himmel und Erde

Wie bitte? Sie vermissen die bekanntesten Täler des Wallis: das Mattertal mit Zermatt sowie das Saastal mit Saas-Fee? Nun, okay, die sind bei genügend mitgebrachter Zeit sicherlich auch für Motorradfahrer zwei fahrerisch interessante Sackgassen, doch Sie merken schon an meiner zurückhaltenden Formulierung, dass beide Täler und ihre touristische Rundum-Vermarktung durchaus die Gemüter ihrer Gäste spalten. Und deshalb auch ganz bewusst in diesem Reiseführer keine ausgiebige Erwähnung finden. Denn ihre eigentlichen Highlights warten jeweils am Talschluss und sind nur gegen einen satten Obolus sowie gänzlich ohne Bike zu erreichen. Sowohl Zermatt als auch Saas-Fee sind auto-, ja sogar mopedfreie Zone. Da kostet dann bereits der Blick von Ferne auf das berühmte Bergsteigerdorf Zermatt ordentlich Schweizer Fränkli. Alle Infos zu Zermatt unter www.zermatt.ch, zu Saas-Fee unter www.saas-fee.ch.

Wahrzeichen von Sion: Die Festung Valere hoch über der Stadt.

TOUR 16 IM ÜBERBLICK

Allgemeines
Horizontweite Weinberge, dichte Wälder, schattige Lichtungen und in der Ferne locken die höchsten Gipfel der Schweiz – den landschaftlichen Reichtum des Wallis erlebt man auf dieser zweiten, nicht ganz so hochalpinen Runde noch intensiver. Und dazwischen liegen sehenswerte Bergdörfer en masse.

Aufgepasst
Das liebliche Rhônetal mag darüber hinwegtäuschen, aber auch der zweite Teil dieser Tour führt uns in hochalpines Gelände.
Wetterumschwünge in den Bergen geschehen oftmals innerhalb von weniger als einer Stunde. Ziehen dunkle Wolken auf, beobachten Sie die Tierwelt: Versammeln sich die Kühe in Ställen oder unter Bäumen, verstummt das Bimmeln der Kuhglocken, ja sogar das Zwitschern der Vögel, dann treten Sie vorsichtshalber den Weg retour ins Tal an.

Mein Übernachtungs-Tipp in Brig
Hotel Good Night Inn, Center Saltina, CH-3900 Brig
Tel.: +41 (0) 27/921 21 00
gni@brig-wallis.ch, www.brig-wallis.com

Mein Übernachtungs-Tipp in Leuk
Pension - Restaurant **Alpenrösli**
von Peter Muttenzer, CH-3953 Leuk VS
Tel.: +41 (0) 27/473 12 73
info@alpenroesli-leuk.ch, www.alpenroesli-leuk.ch

Kartenmaterial
Motorrad Powerkarten »Alpen und Gardasee« Blatt 5 + 7, laminierte Tourenkarten im Maßstab 1:250.000, ISBN 978-3-937418-23-0.

Im Internet
www.valais.ch, www.schweiz-infoportal.de
www.zermat.ch, www.saas-fee.ch, www.sion.ch

TOUR 17

WALLIS & HAUTE-SAVOIE

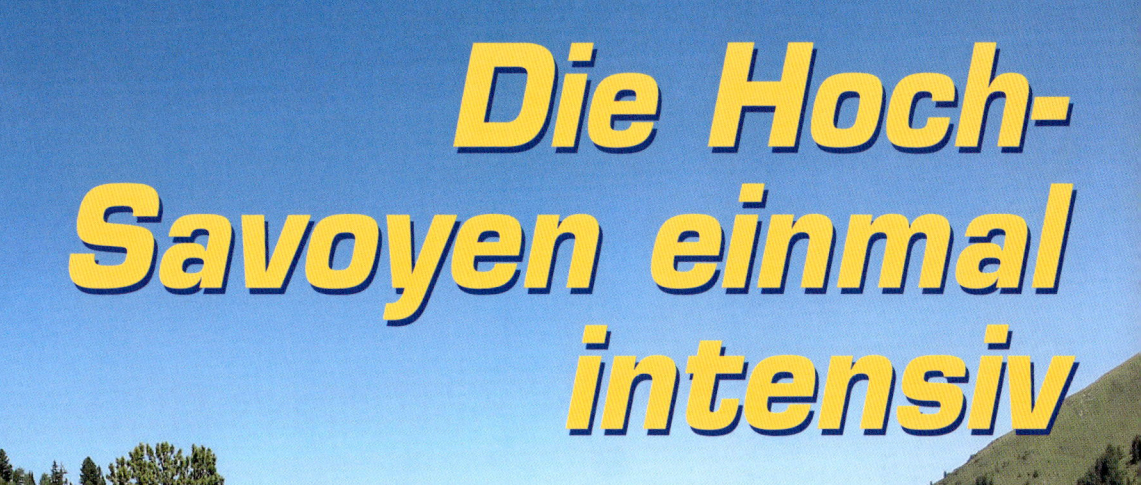

Die Hoch-Savoyen einmal intensiv

127 Spitzkehren nehmen wir in Frankreichs Haute-Savoie unter die Gummis und werfen ganz nebenbei noch so manchen Blick auf den herrlichen Genfer See.

Nichts als Schräglagen:
Die Hoch-Savoien sind ein
echtes Bikerparadies.

Abstecher mit Aussicht: La Forclaz hoch über dem Genfer See.

Chamonix zu Füßen des gewaltigen Mont-Blanc-Massivs – dem wir uns aber erst auf der nächsten Rundtour widmen werden – ist ein erlebenswertes Bergdorf mit zwei Gesichtern: dem winterlich-weißen Rummelplatz der Eitelkeiten und Möchtegern-Promis und dem sommerlichen Beinahe-Geheimtipp für alle Genießer einer mehr als grandiosen Bergwelt. Und zu den Letzteren zähle ich jetzt mal uns Biker.

Bevor wir uns an die Umrundung eben jenes Mont-Blanc wagen, lassen Sie uns erst einmal eine ausgiebige Tour durch das Grenzgebiet zwischen Frankreich und der Schweiz, durch die hügelreiche Welt des Departments Haute-Savoie unternehmen. Klingt nicht unbedingt spannend, meinen Sie? Nun das täuscht: Immerhin 17 Pässe (!) listet mein Lieblingsprogramm »Motorrad Tourenplaner« allein für das heutige Tourengebiet auf. Die schaffen wir zwar nicht alle, dafür aber gut 127 waschechte Spitzkehren, wie ich bei der Zusammenstellung dieser Tour gezählt habe. Das Ganze verbunden mit einem dichten Netz an höchst kurvenreichen, winzigen Landstraßen, die wir viele Tage im Jahr beinahe für uns allein haben. Überzeugt? Auf geht's.

Der schönste Blick zurück

Richtung Nordosten geht es aus Chamonix hinaus zum Col de Montets auf 1460 Höhenmetern. Dieser eher unscheinbare Pass ist aber nur das Vorspiel für den deutlich bekannteren Col de la Forclaz, der uns nach wenigen Kilometern und einem unbeleuchteten Tunnel bereits auf Schweizer Territorium empfängt. Der Grenzübertritt ist für Biker in der Regel problemlos, dies umso mehr, wenn wir sichtbar gepäckbefreit touren. Der auf seiner Scheitelhöhe eher unscheinbare Col de la Forclaz verbindet das westliche Wallis mit den Savoyer Alpen in Norditalien und stellt eine wichtige Verkehrsverbindung zwischen dem Genfer See, dem Rhônetal und Chamonix dar. Demzufolge verkehrsreich geht es dort oben zu.

TOUR-CHECK

Land und Region: Frankreich – Haute-Savoie
Empfohlener Tourenstandort: Chamonix (Chamonix-Mont-Blanc)
Länge: 245 km
Schwierigkeit: leicht
Höchster Punkt: 1765 m
Beste Reisezeit: Ende April - Ende Oktober

WALLIS & HAUTE-SAVOIE

Die echte Schokoladenseite des Col de la Forclaz ist zweifelsohne seine Ostrampe, die uns durch horizontweite Weinberge in Kombination mit fantastischen Ausblicken auf das Rhônetal und das Tor zum Wallis ganz gemütlich hinab ins hübsche Walliser Städtchen Martigny trägt. Mehrere Parkbuchten entlang der Strecke erlauben den gefahrlosen ausgiebigen Rundumblick, der sich ganz in der Ferne in den diesigen Weiten des Genfer Sees verliert. Vor allem im Herbst zur Weinlese wuselt es hier in den oftmals steilen Hängen vor Menschen und diesen typischen Weinberg-Traktoren. Dann präsentiert sich das Land von seiner wohl farbenfrohesten Seite.

Genuss gänzlich anderer Art

Durchschnittlich elf Jahre sollen die Wasser der Rhône benötigen, um einmal von Ost nach West durch den Genfer See zu fließen. Hauptsächlich sie sind es, die den gut 600 km² großen See wenige Kilometer nördlich von Martigny, übrigens den größten See der Schweiz, speisen. Neben Frankreich, dem knapp 40 % des Genfer Sees gehören, teilen sich drei Schweizer Kantone – Genf, Wallis und mehrheitlich das Waadt – den Rest. Eben jenes Waadt stellt auch landschaftlich wie kulturell den wohl größten Kontrast zu den Finanzzentren Genf und Lausanne oder gar den Hochburgen europäischer High Society Vevey und Montreux dar. Von Montreux' Uferpromenade genügt ein satter Dreh am Gasgriff, und man befindet sich in einer gänzlich anderen Welt.

Natürlich haben wir weite Strecken vor allem des Nordufers des Genfer Sees kaum jemals für uns allein. Doch vor allem an den Wochenenden trifft sich hier auch der Schweizer Töfffahrer sehr gerne mit seinesgleichen zum Sehen-und-gesehen-werden, Benzingespräche in herrlicher Umgebung inklusive. Mein Tipp: Erweitern Sie doch das hier fix und fertig aufbereitete Tourenwochenende in Chamonix um einen ausgiebigen Besuch des Genfer Sees. Ein Kontrastprogramm vom Feinsten erwartet Sie, das sich leicht planen lässt und sich von Mai bis Oktober immer lohnt. Alle Infos z. B. unter www.myswitzerland.com.

Echt lecker: Motorradtouren in den Savoier Alpen sind etwas für alle Sinne.

EINKEHRTIPP IN MORZINE

Restaurant **La Chamade** 90 Route de la Plagne, La Crusaz, 74110 Morzine, Tel.: +33 (0) 450/79 13 91, www.lachamade.com.

Abendstimmung: Der Genfer See ist nicht nur für Fotografen ein Highlight.

TOUR 17

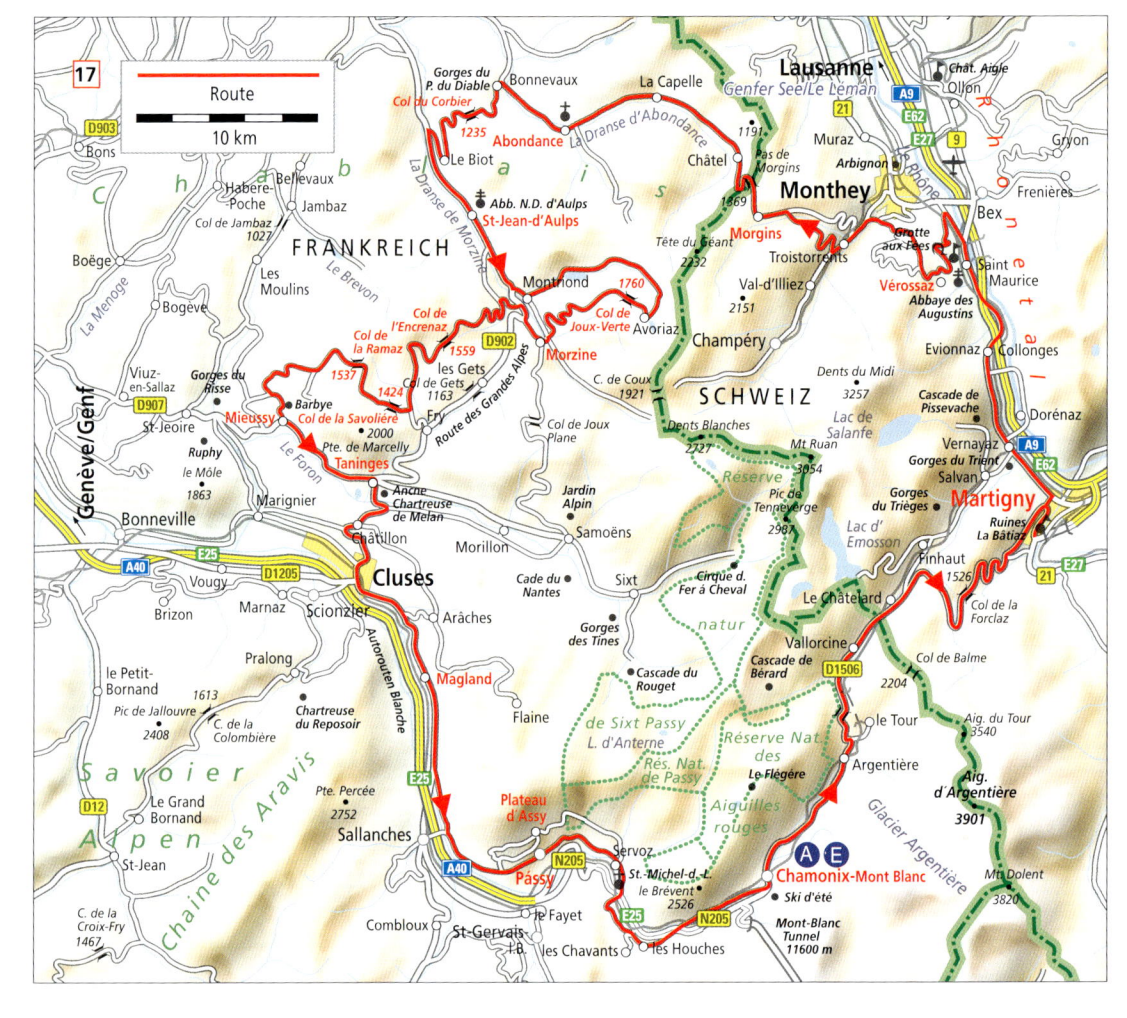

Basislager für den Bernhardiner-Pass

Martigny als Tor zum Wallis und auch »Basislager« für den Großen St.-Bernhard-Pass – den gönnen wir uns gleich auf Tour 18 – ist ein verkehrstechnisch gut strukturiertes Wirtschaftszentrum, das wir zügig Richtung Norden durchqueren können. Denn gleich hinter dem anschließenden Saint-Maurice wartet der exzessive Kurventanz dieses Tages auf uns. Dazu biegen wir links ab nach Verossaz und pendeln das Bike mit sicherer Gashand durch das folgende Kurvengemenge hinauf in die Hügel der Savoyer Alpen.

Was nun folgt, ist ein Schräglagen-Paradies der Extraklasse fernab von Hektik & Co., das wir allerdings mit der oben abgedruckten Kartenübersicht nur unzulänglich darstellen können. Deshalb liste ich hier einmal die wichtigsten Stationen des folgenden Tourenabschnitts auf: Morgins – Abondance – Col

WALLIS & HAUTE-SAVOIE

Im Dunst der Ferne: Der Genfer See produziert sein ganz eigenes Klima.

du Corbier – Saint-Jean-d'Aulps – Col de la Joux vert – Morzine – Col de l'Encrenaz – Col de la Savolière – Col de la Ramaz – Mieussy – Taninges – Magland – Meribel – Passy mit Abstecher auf das Plateau d'Assy sowie retour nach Chamonix. Um übrigens alle 17 Pässe der Savoier Alpen zu erfahren, würde sich die Länge dieser Rundtour auf weit über 500 km vergrößern. Deshalb auch mein Tipp für den genüsslichen Entdecker in uns: Ganz gleich, welchen Abzweig Sie auch wählen – Sie können fahrerisch nichts falsch machen. Es gibt entlang winziger, extrem kurvenreicher Landstraßen unheimlich viel zu entdecken, sodass der Tourentag wie im Flug vergehen wird. Und für die Fahrt retour zur Unterkunft folgen Sie dann einfach den allerorten zu findenden Beschilderungen nach Passy und weiter nach Chamonix – et voila, Sie sind daheim.

Linke Seite: Immer eine Reise wert: Die Umrundung des Genfer Sees ist Sightseeing pur.

TOUR 17 IM ÜBERBLICK

Allgemeines
Die Savoyer Alpen sind nicht nur ein Wintersport-Paradies, auch für den bergbegeisterten Motorradfahrer haben das Land und seine Menschen sehr viel zu bieten. Was genau, das erkunden wir auf diesen beiden Rundtouren 17 und 18 besonders intensiv.

Aufgepasst
Die Landstraßen im Norden der Haute-Savoie sind extrem kurvenreich und oftmals kaum mehr als lenkerbreit. Vor allem morgens und abends im – eigentlich nur mäßigen – Berufsverkehr heißt es dennoch aufgepasst, da die Einheimischen nicht mit bikenden Touristen rechnen und dementsprechend atemberaubend forsch jede Kurve schneiden.

Mein Übernachtungs-Tipp in Chamonix
Mercure-Hotel Chamonix, 39 rue des Allobroges
F – 74400 Chamonix-Mont-Blanc
Tel. +33 (0) 450/53 07 56
H2808@accor.com, www.accorhotels.com/de/hotel-2808-mercure-chamonix-centre

Kartenmaterial
Motorrad Powerkarten »Alpen und Gardasee« Blatt 1 + 7, laminierte Tourenkarten im Maßstab 1:250.000, ISBN 978-3-937418-23-0.

Im Internet
www.chamonix.com, www.france-voyage.com
www.region-du-lac-leman.ch, www.myswitzerland.com
www.martigny.ch

TOUR 18 HAUTE-SAVOIE

Vier Pfoten zum Mitnehmen: Am Großen St. Bernhard-Pass gibt es auch quicklebendige Andenken.

Rund um den höchsten Berg Europas

Diese Tour führt über drei berühmte Pässe, durch ein berühmtes Tal und offenbart jede Menge Ausblicke auf den gewaltigen Mont Blanc und sein Bergmassiv!

& MONT-BLANC-REGION

Blick zurück: Martigny und seine Weinberge sind ein landschaftliches Idyll.

Der Mont Blanc ist mit 4792 bzw. 4810 m – je nach der Dicke seiner winterlichen Eiskappe gemessen – der höchste Berg der Alpen, ja sogar ganz Europas. Seinen majestätischen, Ehrfurcht einflößenden Anblick kann man ganz gemütlich von einem gen Süden ausgerichteten Hotelbalkon unseres Tourenstandortes Chamonix genießen. Oder aber auf der nun folgenden Rundtour, auf der er für uns immer wieder am Horizont aufblitzen wird.

Maximaler Genuss entgegen dem Uhrzeigersinn

Für ein Maximum an Abwechslung fahren Sie diese Tour bitte entgegen dem Uhrzeigersinn.

TOUR-CHECK

Land und Region: Frankreich – Haute-Savoie und Seealpen
Empfohlener Tourenstandort: Chamonix (Chamonix-Mont-Blanc)
Länge: 235 km
Schwierigkeit: mittel
Höchster Punkt: 2465 m
Beste Reisezeit: Mai - Oktober

So ist gewährleistet, dass Sie die erlebenswerte Ostrampe des Col de la Forclaz diesmal aus der fahrerisch anspruchsvolleren Richtung erfahren. Doch dafür heißt es, früh am Morgen erst einmal zwölf Kilometer durch den mautpflichtigen Mont-Blanc-Tunnel gen Süden auf italienisches Territorium zu düsen. Direkt vor den Toren von Courmayeur erblicken wir wieder das Tageslicht. Achtung: Hier bitte nicht versehentlich auf die A 5 nach Aosta einbiegen!

Courmayeur zu Füßen der gewaltigen Mont-Blanc-Südflanke ist die heimliche Hauptstadt der Alpinisten, sie zählt zu den ältesten und berühmtesten Fremdenverkehrsorten der Alpen. Und ist zudem auch das Tor zum idyllischen Aostatal, ebenfalls einem herrlichen Tourengebiet für Biker.

Autonomie von ihrer schönsten Seite

Das Valle d'Aosta oder Aostatal ist nicht nur eine autonome Region in Italien, die idyllische Bergregion zwischen Mont Blanc und Monte Rosa besitzt aufgrund ihrer landschaftlichen Vielfalt und Einzigartigkeit auch bekannte Nationalparks, wie den Gran-Paradiso-Nationalpark. Zwar hat sich die touristisch »voll ausgestattete« Region vornehmlich dem weißen

HAUTE-SAVOIE & MONT-BLANC-REGION

Sport verschrieben, doch auch im Sommer bietet das Aostatal dem Motorradfahrer nicht nur alle Annehmlichkeiten, die man sich nach einem langen Tag im Sattel wünscht. Auch die landschaftliche Vielfalt lässt sich in den kurzen Sommermonaten ganz besonders genießen. Auf jeden Fall einen ausführlichen Besuch wert ist Aosta, die Landeshauptstadt der Region mit 35 000 Einwohnern. Schon die Römer hatten die strategisch wichtige Position erkannt und hier eine Siedlung errichtet. Spuren davon finden sich heute noch in Form einiger Baudenkmäler. Sehenswert ist der historisch nahezu intakte Ortskern mit seiner ausgedehnten Fußgängerzone, mit Geschäften, Bars und Restaurants und diesem unverwechselbaren Flair einer italienischen Provinzstadt. 82 Schlösser und Burgen verteilen sich auf gut 80 Kilometer im Aostatal, erbaut zwischen dem 12. und 18. Jahrhundert. Sie sind das auch noch heute sichtbare Zeichen der Geschichte und Bedeutung dieser Region, in der es viel zu sehen und zu erleben gibt. Weitere Infos unter www.aostatal.com

Doch Halt: Bevor wir uns jetzt zu einem koffeinhaltigen Boxenstopp nach Aosta begeben, lassen Sie uns kurz noch einen Pflichtbesuch machen. Dazu schwingen wir über Pré-Saint-Didier und La Thuile zum ausgeschilderten Col du Petit Saint-Bernard.

Höchst reisefreudiger Adelssprössling

Wie auf dem Großen St.-Bernhard-Pass errichtete auch hier der offensichtlich höchst wanderfreudige Adelssprössling Bernhard von Aosta ein Hospiz und gab dem Pass damit für alle Zeiten seinen Namen. Direkt auf der Passhöhe verläuft übrigens die Grenze zwischen Italien und Frankreich. 1940 war der Pass stark umkämpftes Gebiet, allein auf italienischer Seite sollen über 600 Menschen den Tod gefunden haben.

Die Nordrampe beginnt im Grunde gleich hinter den letzten Häusern von Pré-Saint-Didier und stimmt uns umgehend ein auf das, was vor uns liegt. Acht Spitzkehren mit sehr engen Radien lassen unseren Gleichgewichtssinn sogleich heftig schunkeln und verlangen volle Konzentration. Oberhalb der Baumgrenze gestatten einige Parkbuchten einen herrlichen Rückblick auf das hinter uns liegende Aostatal. Die Passhöhe selbst dominieren einige verlassene und vom Zahn der Zeit

EINKEHRTIPP IN AOSTA

*Nahe den historischen Stadtmauern der Stadt mit leckerer, typisch italienischer Küche: das Ristorante **Vecchia Aosta**, Piazza Porte Praetoriane 4, I – 11100 Aosta, Tel.: +39 (0) 165/36 11 86, www.vecchiaosta.it*

Kleiner Bruder: Auch der Kleine St. Bernhard geht auf einen heftig tourenden Adelssohn zurück.

Blick nach Italien: Der Große St. Bernhard führt uns direkt ins Aostatal.

bereits mächtig ramponierte Grenzgebäude sowie ein kleines Gasthaus, das sich mit den wenigen Touristen, die hier vorbeikommen, immer noch eine Existenzgrundlage bewahren konnte. Das gesamte Szenario liegt auf einem weiten, geschichtsträchtigen Hochplateau. Genießen Sie die Ausblicke und die hier heute meistens herrschende Ruhe. Dann wenden wir das Bike retour Richtung Aosta.

Dazu empfehle ich in La Thuile den Abzweig zum Colle San Carlo zu wählen, einem Kurvengemenge der ganz besonderen Art. Zwar mag der 1950 m hohe Pass mit dem noch vor uns liegenden Highlight nicht unbedingt konkurrieren zu können, doch fahrerisch ist er ein Genuss für alle Sinne. Und mit immerhin 38 Kehren bis hinab nach Morgex auch zweifelsohne ein echter Alpenpass. Wanderfreunde sollten nahe der Scheitelhöhe des Colle San Carlo unbedingt einen kleinen Fußmarsch hinauf zum Téte d´Arpy unternehmen.

Gut 100 Höhenmeter sind zu erklimmen, belohnt wird man dort oben mit einem atemberaubenden Ausblick auf das Mont-Blanc-Massiv und das Aostatal rund um Courmayeur.

Zwei Wege – ein Ziel: Kurvengenuss

Zwei Wege führen uns nun nach Aosta – um dem Bike die »Zügel lang« zu geben nehmen wir die SS 26 über Arvier und Villeneuve. Für eine mehr als satte Portion Schräglage empfehle ich die Kurvenpiste über Avise, Fossaz, Verrogne und Chezallet direkt in das historische Zentrum von Aosta.

Frisch gestärkt geht es dann Richtung Norden, erklimmen wir den Großen St.-Bernhard-Pass. Dies kann wiederum auf zwei Alternativen geschehen: Via SS 27 über Gignod und Saint-Rhemy-en-Bosses sehr zügig oder über Roisan, Meylan und Allein extrem kurvenreich. Sie haben die freie Wahl. Nur eines sollten Sie kurz hinter der Ortschaft Saint-Remy keinesfalls machen: in den Tunnel unter dem Großen St. Bernhard abzweigen. Denn die Passhöhe ist ein landschaftliches, historisches und auch fahrerisches Kleinod, das wir unbedingt genießen müssen.

Immer, wenn mich meine Reisen auch nur in die Nähe dieses Passes führen, gönne ich mir einen Abstecher. Es ist ein unvergessliches

---

EINKEHRTIPP IN MARTIGNY

Hervorragend essen mit Blick auf den quirligen Marktplatz kann man im Restaurant **La Vache Qui Vole**, Place Centrale 2B, CH-1920 Martigny, Tel.: +41 (0) 27/722 38 33, www.lavachequivole.ch. Mein Tipp: Fensterplatz reservieren!

HAUTE-SAVOIE & MONT-BLANC-REGION

Erlebnis. Der Colle del Gran San Bernardo verbindet das Rhône- mit dem Aostatal, das Schweizer Wallis mit der Region Piemont in Italien. Schon zu Zeiten der Römer war er einer der wichtigsten Alpenübergänge, doch erst Anfang des 20. Jahrhunderts wurde eine Fahrstraße fertiggestellt, die allerdings nur wenige Sommermonate lang passierbar war. Erst durch die Fertigstellung des sechs Kilometer langen Scheiteltunnels 1964 ist der Pass – mit Ausnahme jener Scheitelhöhe – ganzjährig befahrbar.

Um 1050 n. Chr. wurde auf dem Pass von dem bereits erwähnten Bernhard von Aosta ein Hospiz gegründet, viele berühmte Persönlichkeiten nutzten den Pass auf ihren Reisen nach Rom. So zum Beispiel Karl der Große, Heinrich IV., Friedrich I. oder Heinrich VI. Vollends berühmt wurde er, als Napoleon Bonaparte im Mai 1800 mit 40 000 Mann und unzähligen Geschützen über den Pass nach Italien zog. In Bourg-St-Pierre im Mittelteil der Nordrampe gibt es bis heute ein »Café Napoléon«, in dem der große kleine Franzose damals angabegemäß gefrühstückt haben soll. Gerne zeigt man im Café mit einer gehörigen Portion Ehrfurcht jenen Lehnstuhl, in dem der legendäre Feldherr saß. Auf der Passhöhe selbst liegt gleich neben dem berühmten Hospiz die wohl berühmteste Bernhardinerzucht der Welt. Nahe den Gebäuden öffnet sich der Blick auf einen herrlich frischen Bergsee sowie ganz in der Ferne die Grenzstation nach Italien.

Geheimnisvolles Land: Auch abseits der Piste gibt es viel zu entdecken.

Streicheln leider verboten

Sie kennen seine Bilder ganz bestimmt. Die von dem braun-weißen Hund und dem berühmten Schnapsfässchen um den Hals. Bekannt, ja legendär wurde die Bernhardiner-Rasse vor allem durch ihren unfehlbaren Orts-

Ganzjährige Eiszeit: Die Gipfelkulisse des Mont Blanc.

TOUR 18

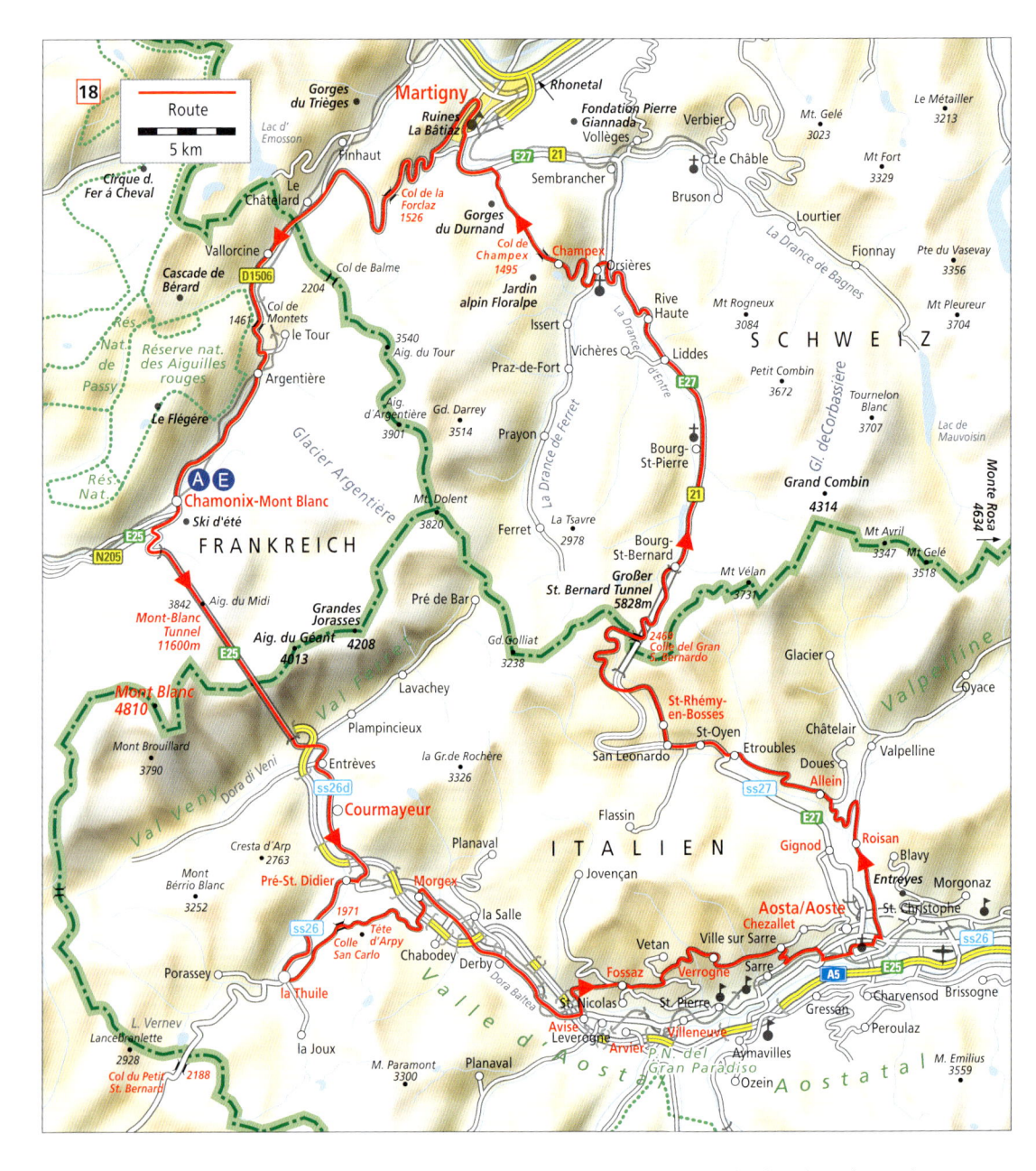

sinn, die gute Nase sowie ihre Wetterfestigkeit und Ausdauer. Prädestiniert für die Nutzung als Lawinenhund soll allein der Stammvater aller Bernhardiner, Lawinenhund Barry, weit über 40 Menschenleben gerettet haben. Doch all das war einmal. Heutzutage ist der Bernhardiner aufgrund seiner Neuzüchtung für die Lawinenrettung schlichtweg zu schwer und zu behäbig geworden. Heute gilt er als der ideale Familienhund und ist dementsprechend gefragt. Bis zu fünf Jahre müssen Sie auf einen echten Bernhardiner vom Großen St. Bernhard warten, die legendäre Bernhardinerzucht der Augustinermönche können Sie aber gegen einen geringen Obolus sofort besichtigen. Erwarten Sie aber bitte kein Kuscheltier-Paradies. Die Hundezucht ist durchaus kommerziell aus- und eingerichtet. Wei-

HAUTE-SAVOIE & MONT-BLANC-REGION

Viel befahren: Am Col de la Forclaz herrscht immer reges Treiben.

tere Infos auch unter www.barryswiss.ch.

Schnellstraßengleich pflügt die Nordrampe des Passes in Form der Kantonsstrasse 21 anschließend hinab in das Rhônetal. Wem das fahrerisch zu anspruchslos ist, der sollte einen Blick auf die Landkarte – oder unsere GPS-Datensätze – werfen und in Orsières links abbiegen auf die Piste Richtung Champex und den kleinen Col de Champex. Genüsslich und nahezu frei von Gegenverkehr pendeln wir durch eine prächtige Landschaft talwärts.

Kurz vor Martigny treffen wir dann wieder auf die Kantonsstraße.

Gleich hinter den letzten Häuserzeilen der Stadt geht es dann ostwärts hinein in das Kehrenparadies des Col de la Forclaz, den wir ja auf der letzten Runde bereits genießen konnten. Gönnen Sie sich unbedingt von einer der Parkbuchten am Straßenrand einen ausgiebigen Blick retour auf das Rhônetal. Es lohnt sich! Und der Heimweg nach Chamonix ist ja sowieso nur noch ein »Kinderspiel«.

TOUR 18 IM ÜBERBLICK

Allgemeines
Drei berühmte Pässe, ein berühmtes Tal sowie jede Menge Ausblicke auf den gewaltigen Mont Blanc und sein Bergmassiv würzen diese Rundtour ungemein. Da ist auch schnell vergessen, dass sie mit einer Fahrt durch den abgasgeschwängerten Mont-Blanc-Tunnel beginnt.

Aufgepasst
Gleichwohl sicherheitstechnisch eher dürftig ausgerüstet gehört die Röhre des Mont-Blanc-Tunnels seit der Katastrophe von 1999 zu den gut überwachten. Dennoch mein Tipp: Zügig durchfahren, Lkw-Kolonnen meiden und bei Staumeldungen lieber außerhalb des Tunnels warten.

Mein Übernachtungs-Tipp in Chamonix
Mercure-Hotel Chamonix, *39 rue des Allobroges F – 74400 Chamonix-Mont-Blanc Tel. +33 (0) 450/53 07 56 H2808@accor.com, www.accorhotels.com/de/ hotel-2808-mercure-chamonix-centre*

Kartenmaterial
Motorrad Powerkarten »Alpen und Gardasee« Blatt 7, laminierte Tourenkarten im Maßstab 1:250.000, ISBN 978-3-937418-23-0.

Im Internet
www.chamonix.com, www.france-voyage.com www.myswitzerland.com, www.austatal.com www.barryswiss.ch

TOUR 19

Die Route des Grandes Alpes – Teil 1

Die französischen Seealpen sind ein Bikerparadies ähnlich den italienischen Dolomiten! Eigentlich hätten beide Regionen ein eigenes Buch verdient!

SEEALPEN NORDTEIL

Schon die Anreise ist ein Genuss: Südrampe des Col d'Iseran.

Morsen offiziell erlaubt: Der Col de Télégraphe am Aufstieg zum Galibier.

Die Seealpen in Frankreich sind eine Bikerdestination ähnlich den italienischen Dolomiten. Beide Regionen wären eigentlich einen eigenständigen Reiseführer wert. Ich arbeite daran, versprochen! Lassen Sie uns auf den letzten beiden Rundtouren dieses Buches die Highlights der Seealpen zusammenfassen. Lassen Sie uns die schönsten – und anspruchsvollsten – Pässe kombinieren mit den prächtigen Landschaften und ihren Geschichten. Denn wir sind nicht nur in hochalpinem Gelände, wir sind auch in Napoleons Reich. Aber davon später mehr.

Der Tourenstandort Briançon wird Ihnen bereits bei seinem ersten Anblick von ferne gefallen. Die alte Garnisonsstadt besitzt eine geschichtenreiche Vergangenheit, jeder einzelne Stein der historischen Mauern und Altstadthäuser könnte davon erzählen.

Streitbare Geschichte

An strategisch äußerst wichtiger Stelle wurde das ehemalige Militärlager Briançon nach einem Großbrand 1692 von Frankreichs berühmtestem Festungsbaumeister Vauban wieder aufgebaut und mit einem meterdicken, doppelten Verteidigungsring gesichert. Neben einer Zitadelle wurden auch mehrere kleine Festungen gebaut – ein Verteidigungssystem, das nicht nur 1815 einem Angriff der Österreicher, sondern sogar bis 1940 noch italienischen Eroberungsversuchen widerstand.

Doch nicht nur diese architektonischen Zeitzeugen machen Europas dritthöchstgelegene Stadt am Rande der Durance-Schlucht heutzutage so sehenswert. Die von gut erhaltenen, haushohen Mauern umgebene winzige Altstadt mit ihren kaum lenkerbreiten Gassen ist viel bequemer zu Fuß, denn mit dem Bike zu erkunden. Parken Sie das Motorrad lieber entlang der Stadtmauer auf einem der zahlreichen Plätze und schlendern Sie gemütlich durch die historischen Gassen, atmen Sie französische Geschichte in vollen Zügen. Zahlreiche Cafés und Kneipen laden dazu vor allem am Abend zum Verweilen ein.

Briançon ist zudem berühmt für sein außergewöhnliches Klima. Dank der geografischen Lage wird die Stadt an 300 Tagen im

---

TOUR-CHECK

Land und Region: Frankreich – Seealpen
Empfohlener Tourenstandort: Briançon
Länge: 230 km
Schwierigkeit: mittel bis anspruchsvoll
Höchster Punkt: 2645 m
Beste Reisezeit: Mitte Mai - Ende Oktober

SEEALPEN NORDTEIL

Jahr mit mehr als jeweils 6 Stunden Sonnenschein pro Tag verwöhnt. Nicht umsonst ist die Stadt ein anerkannter Kurort für Atemwegserkrankungen wie Asthma. Weitere Infos unter www.ot-briancon.fr.

Eine geniale Idee vor 100 Jahren

Ein weiteres Highlight dieser Region wird uns die kommenden beiden Tage intensiv begleiten – die legendäre »Route des Grandes Alpes«, sie verbindet die höchsten Pässe der französischen Seealpen mit ihren engen Schluchten und weiten, fruchtbaren Tälern. 1910 hatte der Touring Club de France die Idee zu dieser vielleicht schönsten Hochalpen-Panoramastraße Europas, zwei Jahre später wurde mit dem Bau begonnen, 1937 war feierliche Eröffnung. Heutzutage führt sie – nahezu durchgängig beschildert – über verschiedene Department- und Nationalstraßen von Thonon-les-Bains am Südufer des Genfer Sees gute 700 oftmals anspruchsvolle Kilometer hinunter nach Menton bei Nizza. 16000 Höhenmeter sind auf dieser Strecke insgesamt zu bewältigen, von 16 Pässen liegen immerhin 6 über 2000 Metern Höhe. Durchgängig befahrbar ist sie in der Regel zwischen Juni und Oktober. Danach schließen vor allem die hochgelegenen Pässe auf Grund Wintereinbruch. Alle Infos dazu sowie zu 4 weiteren prächtigen Alpen-Reiserouten gibt es unter www.grande-traversee-alpes.com.

Doch nun genug gelabert, lassen Sie uns aufbrechen. Gen Nordwesten schwingen wir aus Briançon hinaus, folgen der N 91 nach Saint-Chaffrey und Le Monetier-les-Bains. Dann ist er bereits ausgeschildert, der wohl gefürchtetste Bestandteil der legendären »Tour de France«, der mit seinen satten 2642 Metern immerhin fünfthöchste Straßenpass der Alpen: der Col du Galibier! Fahrerisch wie landschaftlich ist er von beiden Seiten aus eine wahre Wucht.

Aber Halt – jetzt hätte ich seinen »Kollegen« beinahe übergangen: den Col du Lautaret mit bereits 2058 Höhenmetern. Ihn nur als südlichen Auslauf des Galibier zu betrachten, wäre sicherlich falsch und täte dem fahrerischen Genuss, den auch dieser Pass bietet, wahrlich Unrecht. Seine Südostrampe, von Briançon kommend, mag zwar nicht hoch spektakulär sein, als Warm-up für den Galibier ist sie allerdings mehr als perfekt. Auch die Passhöhe des Col du Lautaret wird beinahe jedes Jahr von der Tour de France erobert, gilt aber nicht als eigenständig zu wertende Bergstrecke. Einige Gasthöfe mit Einkehr- und Übernachtungsmöglichkeiten sowie der obligatorische Souvenirshop laden zum Herumstöbern und Pausieren ein, bevor wir uns dann aber endgültig ihm widmen: dem Col du Galibier.

Pflichttermin mit Unendlichkeit

Die Passhöhe mit großem Parkplatz auf gut 2650 m wird im Sommer leider immer wieder von Wohnmobilisten mit tagelangem Beschlag belegt, dennoch sollte ein Plätzchen für das Bike am Straßenrand zu finden sein. Denn der Ausblick von hier aus ist in alle Himmelsrichtungen ein wahrer Genuss. Nach Norden blickt man auf die Grandes Rousses, nach Osten auf die imposanten Felslandschaften der Rochers de la Grande Puré und ganz fern am Horizont ist sogar der Mont Blanc zu erkennen, dem wir uns ja auf Tour 18 gewidmet

Geschichtenreiche Region: Die französischen Seealpen haben viel zu erzählen.

Probieren ausdrücklich erlaubt: Wochenmarkt in Briancon.

EINKEHRTIPP IN VALLOIRE

Restaurant-Café Christiania von Sandra und Hervé Bonnet direkt an der »Route des Grandes Alpes« gelegen mit herrlichem Gastgarten, Rue de Tigny, 73450 Valloire,
Tel.: +33 (0) 479/59 00 57, www.christiania-hotel.com.

TOUR 19

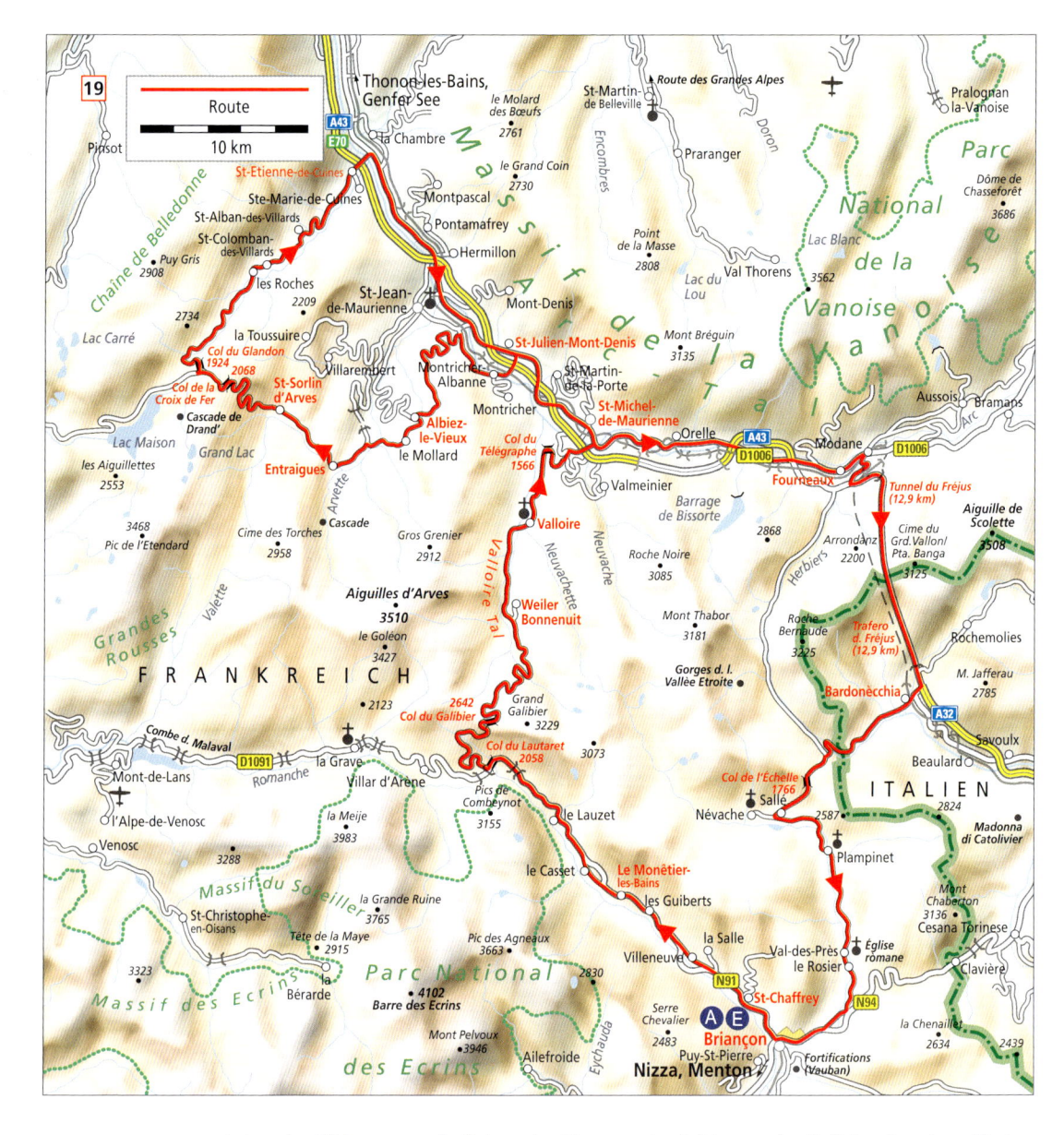

haben. Im Süden ragen die Felsen der Alpes-Dauphiné aus einem schier unüberschaubaren Gipfelmeer.

In 18 Spitzkehren senkt sich die mäßig ordentliche Piste dann ganz allmählich hinab zum Weiler Bonnuit und weiter nach Valloire. Lust auf einen erholsamen Boxenstopp: Dann klappen Sie den Seitenständer vor meinem Einkehrtipp aus, dies umso mehr, als es sich auch um ein nettes Motorradhotel handelt. Der bildhübsche Col de Télégraphe ist nach der Erfahrung des Galibier ein echtes Kinderspiel, seine gut ausgebaute Straße stellt die Hauptverbindung des Ferienortes Valloire mit dem Arc-Tal dar und wird deshalb auch von örtlichem Lieferverkehr frequentiert. Namensgebend für den Pass war das naheliegende Fort du Télégraphe aus dem 19. Jahrhundert, das damals in ein landesweites Netz mit sogenannten Flügeltelegraphen eingebunden war. Diese rein optische Nachrichtenübermittlung hat sich allerdings nicht lange

SEEALPEN NORDTEIL

bewährt, heutzutage zieren unzählige High-tech-Antennen die für die Öffentlichkeit nicht zugänglichen historischen Gemäuer.

Uns Bikern beschert der Col du Télégraphe mit seinen 1566 Höhenmetern unbeschwerte Kurvenhatz auf gut ausgebauter Piste, die auch einen satten Schluck aus dem mitgeführten Drehmomentreservoir gestattet. Die Kurven und Spitzkehren sind in ordentlichem Zustand und können bei trockenem Wetter forsch gefahren werden. Oben auf der Passhöhe heißt es, unbedingt einmal kurz in die Eisen zu steigen und den Seitenständer für einen Fotostopp auszuklappen. Ein kleines Gasthaus lädt zur Stärkung, doch viel mehr noch lohnt der Blick hinab in das Arc-Tal und auf unser nächstes Ziel St. Michel-de-Maurienne. 13 Spitzkehren führen uns in den Ort.

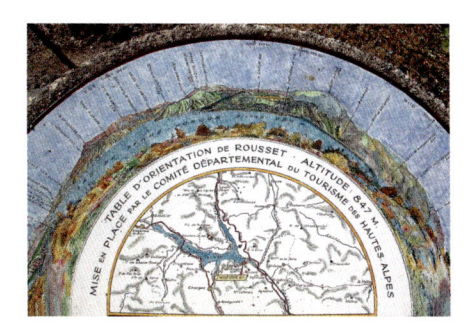

Es gibt viel zu entdecken: Die französischen Seealpen auf einer historischen Karte.

Doppeltes Lottchen

Mit Col de Croix de Fer und Col du Glandon liegt nun weiteres, sozusagen doppeltes Gipfelglück vor unserem Windshield, dessen Eroberung wir ab dem Örtchen Saint-Julien-Mont-Denis mit einer extrem reichhaltigen Portion Schräglage würzen können. Am besten geht dies mit unserem GPS-Download für Ihr Navi, alternativ aber auch mit einer hoch auflösenden Straßenkarte und der Strecke über Albiez, Le Plan des Rois und Entraigues. Ab dem Weiler Saint-Sorlin-d'Arves beginnt der Aufstieg zum Doppelpack Croix de Fer und Glandon, die nur wenige Hundert Meter auseinanderliegen. Über die D 927 geht es dann kurvenreich nach Norden, nach Saint-Etienne-de-Cuines und gemütlich retour Richtung Saint-Michel-de-Maurienne.

Lust darauf, den Galibier nochmals auf seiner Nordrampe zu erobern? Dann biegen Sie einfach hier rechts ab – der Weg ist ausgeschildert. Wenn Zeit und Energie für einen weiteren Exkurs, für weiteres Passvergnügen ausreichen, folgen Sie einfach meiner eigentlichen Tourenplanung über La Corbière und Fourneaux zum 13 km langen mautpflichtigen Tunnel du Fréjus. Er bringt uns in das italienische Bergdorf Bardonecchia, von dem aus wir zu unserem letzten Seealpen-Pass dieser Tour gen Westen huschen. Der gut 1800 m hoch gelegene Col de l'Echelle lässt diesen Tourentag perfekt ausklingen.

TOUR 19 IM ÜBERBLICK

Allgemeines
Die »Route des Grandes Alpes« ist die wohl berühmteste und anspruchsvollste Panoramaroute der französischen Seealpen, sie gehört als Pflicht und Kür zugleich auf Bikers Lebens-Roadbook. Diese Tour erkundet die Highlights des Nordteils, die folgende Runde den Süden.

Aufgepasst
Fahrerisch verlangt die »Route des Grandes Alpes« in ihren Gipfelregionen ein gerüttelt Maß an Bergerfahrung, so manche Bergstrecke gleicht eher einem Flickenteppich, Randabsicherungen fehlen in der Regel komplett. Doch mit angepasstem Tempo ist der Genuss erheblich.

Mein Übernachtungs-Tipp in Briançon
Hotel **Vauban** im Herzen der Stadt,
13 Avenue du General de Gaulle, F-05100 Briançon
Tel. +33 (0) 492/21 12 11
info@hotel-vauban-briancon.com
www.hotel-vauban-briancon.com

Kartenmaterial
Motorrad Powerkarten »Alpen und Gardasee« Blatt 7, laminierte Tourenkarten im Maßstab 1:250.000, ISBN 978-3-937418-23-0.

Im Internet
www.grande-traversee-alpes.com, www.ot-briancon.fr
www.decouverte-paca.fr, http://de.franceguide.com

TOUR 20 SEEALPEN

*Höher geht's nimmer:
Am Col de la Bonette liegt uns
die Welt zu Füßen.*

& HAUTE-PROVENCE

Route des Grandes Alpes – Teil 2

Der höchste befahrbare Punkt der Alpen darf in diesem Buch natürlich nicht fehlen! Folgen Sie mir bitte …

Typisch Seealpen: Alpine Landschaften und höchste Gipfel summieren sich zu unendlich viel Fahrspaß.

Der zweite Teil unserer Reise über die »Route des Grandes Alpes« kombiniert mit Col d'Izoard und Col de Vars nochmals namhafte Highlights der legendären Panoramastraße – ja mit meinem Abstecher zum Col de la Bonette auf 2800 m sogar ihren höchsten befahrbaren Punkt. Und mit dem überwältigenden Panorama rund um den Lac de Serre-Ponçon im Herzen der Haute-Provence pendelt dieses Buch dann genussvoll aus.

Dazu verlassen wir das gastliche Briançon diesmal Richtung Südosten auf der D 902 nach Cervières und weiter direkt zum Anstieg der Nordrampe des Col d'Izoard. Die Straße verbindet Briançon mit dem Örtchen Château-Ville-Vieille und besitzt verkehrstechnisch kaum Bedeutung, da die durch das Tal der Durance führende Alternativroute kürzer und besser ausgebaut ist. Das aber ist unser Glück, denn damit gehören die sage und schreibe 33 Kehren und ungezählten Kurven über den Col d'Izoard viele Sommertage im Jahr uns ganz allein.

Napoleon ist allerorten präsent

Die Scheitelhöhe des Passes ziert das Refuge Col de l'Izoard oder auch Refuge Napoleon, eine bewirtschaftete Berghütte mit großem Parkplatz. Auf der Südrampe geht es in zahlreichen Kurven auf mittelmäßig gepflegter Piste bergab nach Château-Ville-Vieille und weiter nach Guillestre, einem typisch französischen Alpenstädtchen, malerisch gelegen auf einem gut 1000 m hohen Plateau und beliebt bei Gleitschirm- und Drachenfliegern.

Weiter gen Süden führt unsere Rundtour hinauf zum bereits ausgeschilderten Col de Vars. Auch er liegt auf der legendären »Route des Grandes Alpes«, auch er ist inzwischen fester Bestandteil der »Tour de France«. Bei gut 8% Steigung beginnen wir umgehend in herrlichen Rechts-Links-Kombinationen zu schwelgen, die so manches Mal sogar zu echten Spitzkehren ausarten. Diesen Genuss kann bei entsprechend ruhiger Gashand auch der stellenweise nur mäßige Straßenbelag nicht schmälern. Rasch gewinnen wir an Höhe, bevor die D 902 in ein weites Hochtal mündet, dessen Nord-Süd-Verlauf wir einfach weiter folgen.

TOUR-CHECK

Land und Region: *Frankreich – Seealpen / Haute-Provence*
Empfohlener Tourenstandort: *Briançon*
Länge: *210 km*
Schwierigkeit: *mittel*
Höchster Punkt: *2370 m (alternativ auch 2800 m)*
Beste Reisezeit: *Mai - Oktober*

SEEALPEN & HAUTE-PROVENCE

Der kleine Wintersportort Vars wird vermutlich auch auf Ihrer Tour müde der nächsten Saison entgegendösen, eine Möglichkeit für einen koffeinhaltigen Boxenstopp fand ich bislang kein einziges Mal. Gut einen Kilometer vor der Passhöhe liegt linker Hand die hübsche **Refuge Napoleon**, ein kleines Berggasthaus an einem malerischen Bergsee. Hier lohnt ein Einkehrschwung, da die letzten Meter bis zur Passhöhe mit einem lockeren Dreh am Gasgriff zu schaffen sind. Zudem sind die Einkehrmöglichkeiten oben am Pass sehr beschränkt und waren auf meinen Besuchen stets geschlossen. Die Südrampe des Col de Vars ergeht sich umgehend in herrlicher Kurven- und Kehrenhatz, bei der wir mit einem wachsamen Auge auf den mittelprächtigen Straßenbelag dem Bike dennoch einmal wieder »die Zügel lang« geben können. Durch Weiler und winzige, typisch französische Bergdörfer schwingen wir im Grunde direkt in die Sonne der Haute-Provence.

Höher geht's nimmer

Und gleich im Örtchen Jausiers sollten Sie einen prüfenden Blick auf die Uhr werfen: Ist der Tag noch recht jung und höchst sonnig, dann empfehle ich Ihnen unbedingt, einen Abstecher zum höchsten Punkt der »Route des Grandes Alpes« zu unternehmen: dem Col de la Bonette. Jawohl – eröffnen wir nun am Ende dieses Buches die wohl ewige Diskussion, ob der Col de la Bonette nun der höchste befahrbare Alpenpass ist oder doch eher der Col de l'Iseran, den wir vermutlich auf der Anreise in die Seealpen erobert haben. Dabei bringt bereits ein Blick in eine hochauflösende Detailkarte die Entscheidung: Der Col de la Bonette ist mit 2715 m ganze 55 Höhenmeter niedriger als der Iseran. Nur die Panoramaauffahrt »Cime de la Bonette« führt zum Aussichtspunkt auf 2800 m, aber ist sie als Teil der Passstraße zu werten? Ich finde: Ja!

Der Col de la Bonette mit seinem benachbarten Col de Restefond (2678 m) gehört interessanterweise nicht zur Hauptstrecke der »Route des Grandes Alpes«, die einige Kilometer westlich über den Col de Cayolle verläuft. Nur eine Alternativstrecke empfiehlt den Bonette, doch davon sollten wir uns keinesfalls abhalten lassen, diesen legendären Pass mindestens einmal im Leben erfahren zu haben.

In Jausiers beginnt die abschnittsweise anspruchsvolle Auffahrt. Kurvenreich windet sich die gut ausgebaute Straße durch winzige Weiler rechts und links des Lenkers in eine immer hochalpinere Landschaft. Bereits deutlich über 2000 Höhenmeter liegen die Reste ehemaliger Militärkasernen des Col de Restefond. Dessen Scheitelpunkt in 2678 m ist gleichzeitig das Tor zum »Parc National du Mercantour«. Hochalpin ist die inzwischen karge Felslandschaft Richtung Col de la Bonette. Und hier heißt es aufpassen: Das Passieren der unmittelbaren Scheitelhöhe führt direkt wieder hinab in das Tal. Die optionale – und unbedingt zu empfehlende! – Strecke zum Aussichtspunkt »Cime de la Bonette« zweigt hingegen auf der Passhöhe rechts ab und führt in einer Schleife zum höchsten Punkt, der in den Alpen auf asphaltierter Straße zu befahren ist. Falls Ihnen das noch nicht genug sein sollte, lockt ein kleiner Fußmarsch von gut 50 Höhenmetern auf die Bergkuppe auf 2850 Metern. Der Ausblick auf die Gipfelwelten des Na-

Vitamin-Bombe: Frisch gestärkt geht es zum höchsten Punkt der Seealpen.

Bitte beachten: Nicht jede Piste ist für uns freigegeben.

EINKEHRTIPP NAHE GUILLESTRE

*Der historische Gasthof **Auberge de l'Echauguette**: lecker Speis und Trank wenige Hundert Meter außerhalb von Guillestre in den gewaltigen Festungsmauern von Mont-Dauphin, F-0560 Mont-Dauphin, Tel.: +33 (0) 492/45 07 13, www.echauguette.com*

TOUR 20

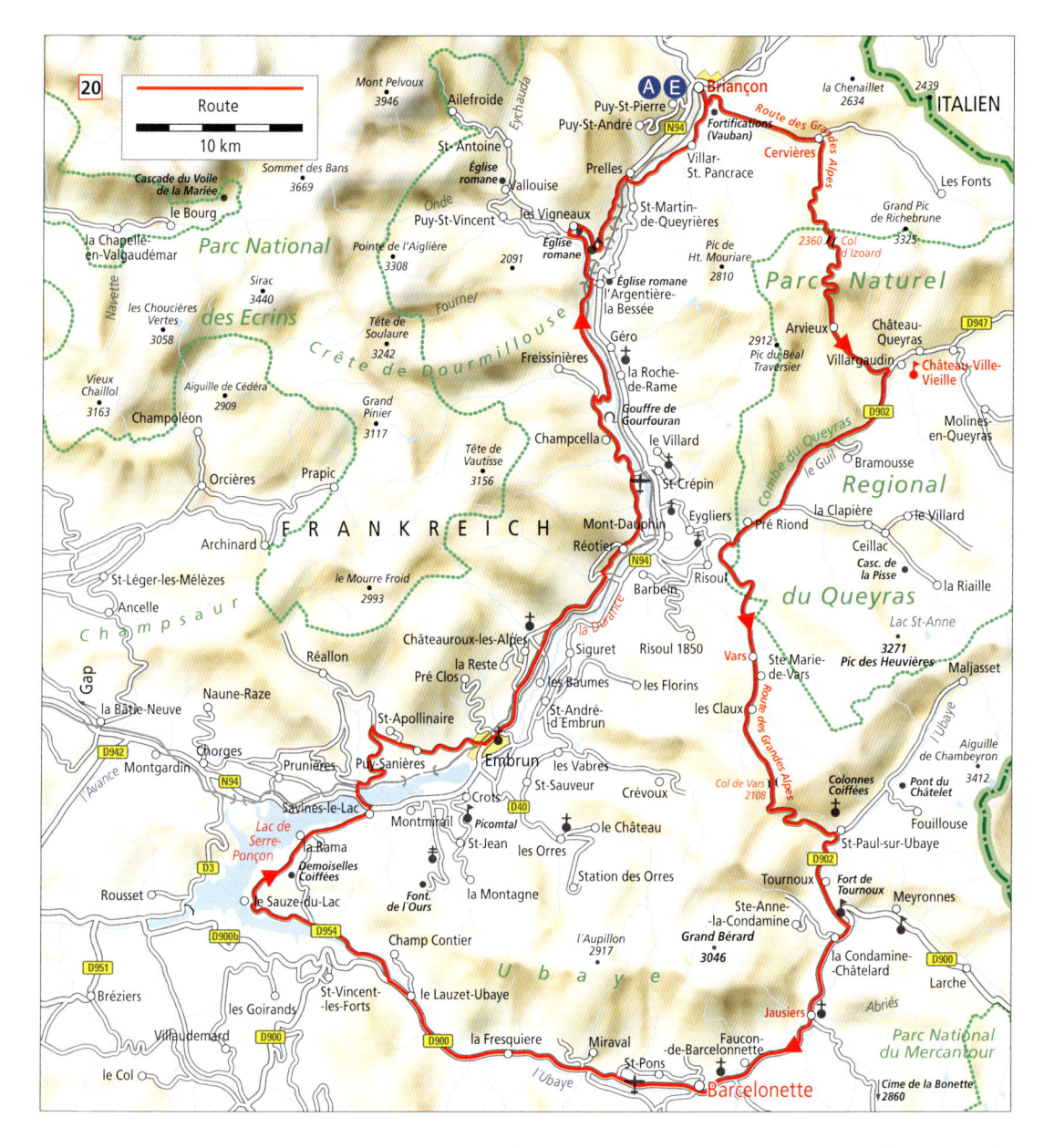

tionalparks Mercantour ist mehr als nur eindrucksvoll.

Die Ruinen, die Sie an der Südseite des Col de la Bonette entdecken können, gehören zu einer Geisterstadt, einem verfallenen Militärlager, in dem Napoleons Soldaten unter geradezu unmenschlichen Bedingungen überwintern mussten. Als »Route Imperiale«, als kaiserliche Straße hatte Napoleon III., der Neffe des berühmten kleinen Franzosen, den Weg von Nizza nach Barcelonette über den Col de la Bonette klassifiziert. Dementsprechend militärisch gesichert musste er werden.

Kontrastprogramm vom Feinsten

Retour in Barcelonette führt unsere Runde nun zu einem landschaftlichen Highlight, das uns zwar auch mit herrlichen Rechts-Links-Kombinationen begeistert, in puncto Ausblick aber gänzlich andere Genüsse bietet: der

SEEALPEN & HAUTE-PROVENCE

Speichersee Lac de Serre-Ponçon. Errichtet von 1955 bis 1961, staut er den Fluss Durance zum größten künstlichen See Frankreichs auf. Vor seiner Flutung mussten nahezu 2000 Menschen zum Teil sogar gegen ihren Willen umgesiedelt werden. Heutzutage bedeckt der 20 km lange und bis zu 120 m tiefe Stausee eine Fläche von gut 30 Quadratkilometern, seine Wasserreserven dienen vor allem der Stromerzeugung. Ganz nebenbei dient er der Bewässerung und Trinkwasserversorgung der Region um Gap. Rund um diesen gewaltigen Trinkwasserspeicher mit seinem herzzerreißend einsam mitten im See dümpelnden Kirchlein führen zahlreiche winzige, dafür aussichtsreiche Landstraßen sowie immer wieder auch Sackgassen hinunter an das Ufer. Aufgepasst: Einige Sackgassen enden unvermutet in Kiespisten, das Wenden des Motorrades auf engem Raum sollte beherrscht werden.

Perfekter Abschluss: Malerischer Sundowner am Lac de Serre-Poncon.

Lust auf typisch Französisch?
Gleich am Westrand des Lac de Serre-Ponçon erhebt sich Gap, jenes höchst quirlige Provinzstädtchen römischen Ursprungs in den oftmals blauen Himmel. Zwar hat der Ort im Laufe seiner wechselvollen Geschichte so manch originale Bausubstanz verloren, bietet dem Besucher mit seiner bunten historischen Altstadt aber dennoch einen niemals langweiligen Aufenthalt. Schlendern Sie einfach durch die Altstadtgassen mit ihren Cafés, Kneipen und Shopping-Möglichkeiten oder besuchen Sie einen der zahlreichen Wochenmärkte mit ihrem typisch französischen Ambiente. Ein Genuss für alle Sinne. Alle Infos über Gap unter www.ville-gap.fr

EINKEHRTIPP IN GAP
Die leckersten Spezialitäten der Region gibt es im Restaurant **Le Tourton des Alpes** in einem Gewölbe im Herzen von Gap, 1 Rue des Cordiers, F-05000 Gap, Tel.: +33 (0) 492/53 90 91.

TOUR 20 IM ÜBERBLICK

Allgemeines
Teil 2 unserer Reise zu den Highlights der legendären »Route des Grandes Alpes«, der berühmtesten und anspruchsvollsten Panoramaroute der französischen Seealpen. Diese Runde erkundet die höchsten Pässe des Südabschnitts sowie die landschaftliche Vielfalt rund um den malerischen Lac de Serre-Ponçon.

Aufgepasst
Viele Kilometer der »Route des Grandes Alpes« sind in technisch ordentlichem Zustand, ihre Schlaglöcher und Frostbeulen werden zügig ausgebessert. Dies allerdings im Frühjahr mit einem Bitumen-Rollsplit-Mix, den man höchst vorsichtig überfahren sollte. Und die Pässe besitzen meistens keinerlei Randabsicherungen. Das ist aber im Grunde nur eine psychologische Hemmschwelle, denn mit ruhiger Gashand gefahren, ist keine der Passstraßen als gefährlich einzustufen.

Mein Übernachtungs-Tipp in Briançon
Hotel **Vauban** im Herzen der Stadt,
13 Avenue du General de Gaulle,
F-05100 Briançon
Tel. +33 (0) 492/21 12 11
info@hotel-vauban-briancon.com
www.hotel-vauban-briancon.com

Kartenmaterial
Motorrad Powerkarten »Alpen und Gardasee« Blatt 7 + 8, laminierte Tourenkarten im Maßstab 1:250.000,
ISBN 978-3-937418-23-0

Im Internet
www.grande-traversee-alpes.com, www.ville-gap.fr
www.decouverte-paca.fr, http://de.franceguide.com

ANHANG

Biken in Österreich
Österreichs Straßenverkehrsordnung besitzt einige Besonderheiten, die es zu beachten gilt:
- Die Einhaltung der Tempolimite von innerorts 50, außerorts 100 sowie auf Autobahnen generell 130 km/h wird durch eine höchst aktive Gendarmerie sowie eine Vielzahl von stationären und mobilen Radarkontrollen überwacht. Dazu gesellen sich spezielle Geschwindigkeitsbegrenzung in der Nacht für die Tauern-, Inntal-, Brenner- und Rheintalautobahn: Hier dürfen Sie zwischen 22 und 5 Uhr maximal 110 km/h fahren.
- Österreichs Strafzettel erreichen Sie auch daheim in Deutschland! Vor allem Überholverbote, aber auch die Missachtung der Mautpflicht können mit drastischen Strafen geahndet werden. Wer dann glaubt, außerhalb des Landes Ruhe zu haben, der irrt: Alle Strafzettel der Alpenrepublik über 25.- Euro werden seit Jahren schon nach Deutschland geschickt und hier strafrechtlich verfolgt.
- Apropos Vignette: Die Zahl der offiziellen Vignetten-Verkaufsstellen wurde in letzter Zeit drastisch reduziert. Künftig gibt es das Pickerl nur noch in Tankstellen und Grenzbüros im Umkreis von 20 Kilometern zur Landesgrenze sowie in 20 strategisch dazu günstig gelegenen Autobahntankstellen.
- Im Bereich von 80 m vor und nach Bahnübergängen darf nicht überholt werden.
- Vorfahrtsberechtigte verlieren durch Anhalten ihr Vorfahrtsrecht.
- Schulbusse dürfen bei eingeschalteter gelbroter Warnblinkanlage nicht überholt werden.
- Motorradfahrer müssen eine spezielle, kleinere Variante eines Notfallhilfe-Verbandskastens mit den wichtigsten Utensilien staubdicht verpackt mitführen.
- Das vorsichtige Vorbeifahren am angehaltenen Autoverkehr – etwa vor einer Ampel – ist Bikern in Österreich offiziell erlaubt, sofern für das Vorfahren ausreichend Platz vorhanden ist und die abbiegenden Fahrzeuge nicht behindert werden. Sperrlinien und -flächen dürfen grundsätzlich nicht überfahren werden.

Österreichs Alpenpässe und ihre Straßenzustände
Als zum Teil hochalpine Region ist das Netz der Informationsmöglichkeiten zu den jeweiligen Straßenzuständen recht gut ausgebaut. Nicht nur der ÖAMTC informiert auf seiner Website sowie via Hotline jederzeit topaktuell über die Straßenverhältnisse. Auch das deutsche Pendant ADAC bietet umfangreiche Informationen dazu an.

Die Notrufnummern lauten:
Polizei 133
Feuerwehr 122
Rettungsdienst 114
OEAMTC 120

Biken in der Schweiz
Die Schweizer Verkehrsregeln, insbesondere die Tempolimite, werden vergleichsweise strikt und flächendeckend kontrolliert und können bei Missachtung heftige und vor allem teure Strafen nach sich ziehen. Als generelle **Tempolimite** gelten
- innerorts 50 km/h
- auf Landstraßen 80 km/h
- auf Schnellstraßen 100 km/h
- auf Autobahnen 120 km/h.

Auf Schnellstraßen und Autobahnen wird nicht mehr explizit auf das landesweite Tempolimit hingewiesen. Also unbedingt das einzige Hinweisschild bei Grenzüberschreitung im Hinterkopf abspeichern. Die Einhaltung der Limite wird mittels Radaranlagen und Fotos von hinten bzw. hinten + frontal überwacht. Die Geldbußen sind bereits ab 16 km/h Überschreitung mit über 200 CHF recht drakonisch. Höhere Überschreitungen haben oftmals Gerichtsverfahren zur Folge.

ACHTUNG GPS'ler: In der Schweiz dürfen Radaranlagen-Warner – auch sogenannte POI-Warner – nicht mitgeführt werden, sofern Radaranlagen-Standorte als POIs abgespeichert sind. Selbst das rechtzeitige Ausschalten des Alarmes schützt nicht vor Beschlagnahme des Gerätes.

Die Schweizer Vignettenpflicht betrifft auch alle Motorräder und Mopeds. Die Vignette ist jeweils vom 1. Dezember vor und bis zum 31. Januar nach dem aufgedruckten Jahr gültig, sie muss gut sichtbar am Motorrad auf einem nicht auswechselbaren Teil angebracht werden. Windshielder werden hier als Anbringungsort akzeptiert, Klarsichtfächer von Tankrucksäcken keinesfalls. Und wird man ohne gültige, direkt am Fahrzeug aufgeklebte Vignette auf einer abgabepflichtigen Straße erwischt, wird eine Strafe von 100,- CHF berechnet, zudem ist sofort eine Vignette zu kaufen.

Die Notrufnummern lauten:
Polizei: 112 oder 117
Unfallrettung/Notarzt: 112 oder 118

ANHANG

Biken in Italien

Italien ist auch heutzutage noch das Land mit der wohl größten Zweiraddichte in Europa. Doch wer diese Tatsache als Begründung für paradiesische Zustände annimmt, der irrt: Bußgelder erreichen in Italien astronomische Höhen, ja selbst kleinste Verstöße können mit der Beschlagnahme des Bikes geahndet werden. Und Diskussionen mit der Polizei nützen in der Regel wenig, ja verschlimmern die Situation meistens noch. Doch wer die folgenden und wichtigsten Regeln beachtet, reist meistens unbeschwert:

- Als Limite gelten innerorts 50 km/h, außerorts 90 km/h, auf Schnellstraßen 110 und Autobahnen 130 km/h.
- Außerorts ist Abblendlicht auch tagsüber Pflicht.
- Außerorts Fahren ohne Licht sowie Missachtung von Tempolimits werden mit drakonischen Strafen belegt.
- Ein Motorradhelm mit ECE-Zulassung (ECE R22) ist Pflicht, andernfalls droht Beschlagnahme des Bikes.
- Viele Innenstädte sind »Zona di silenzio«, hier gilt Hupverbot, eine Missachtung kann richtig teuer werden.
- Linienbusse haben auf Passstraßen immer Vorfahrt.

Die Notrufnummern lauten:
Polizei: 112
Unfallrettung/Notarzt: 118

Biken in Frankreich

Die Geschwindigkeitslimite in Frankreich betragen innerorts 50 km/h, außerorts 90 km/ sowie auf Schnellstraßen 110 respektive Autobahnen maximal 130 km/h. Achtung Fahranfänger: Wer seinen Führerschein noch keine drei Jahre besitzt, darf außerorts höchstens 80, auf Schnellstraßen 100 und auf Autobahnen 110 km/h fahren. Und bei Nässe müssen alle Verkehrsteilnehmer die Geschwindigkeit außerorts zusätzlich um 10, auf Autobahnen um 20 km/h verringern. Die weiteren Besonderheiten im Überblick:

- Im Kreisverkehr gilt eigentlich »Rechts-vor-links«, diese Regelung wird aber in der Praxis durch die Weisung »Vous n'avez pas la priorité« umgekehrt.
- Straßenbahnen haben immer Vorfahrt.
- Bergfahrt hat immer Vorrang vor Talfahrt.
- An Ampeln gibt es keine Haltelinie, man hält einfach auf Höhe der kleinen Zusatzampel.
- Parken oder Anhalten unter Brücken sowie das Parken in Tunnels oder Unterführungen ist nicht erlaubt.

Generell werden Verkehrsverstöße, insbesondere Geschwindigkeitsüberschreitungen, in Frankreich strenger geahndet als in Deutschland, die Bußgelder sind deutlich höher.

Die Notrufnummern lauten:
Europa-Notruf: 112
Polizei: 17
Unfallrettung / Notarzt: 15

20 FAHRFERTIGE TOUREN

TOUR	LAND	REGION	STÜTZPUNKT AUSGANGSORT	RUND-TOUR
Tour 1	Deutschland	Allgäu	Sonthofen	ja
Tour 2	Deutschland	Allgäu	Lindau	nein
Tour 3	Deutschland	Tölzer Land & Karwendel	Bad Tölz	ja
Tour 4	Deutschland	Tegernsee & Berchtesgadener Land	Rottach-Egern	nein
Tour 5	Österreich	Vorarlberg & Tirol	Imst in Tirol	ja
Tour 6	Österreich	Tirol	Imst in Tirol	ja
Tour 7	Österreich	Osttirol	Lienz	ja
Tour 8	Österreich	Osttirol & Dolomiten	Lienz	ja
Tour 9	Italien	Dolomiten	Corvara	ja
Tour 10	Italien	Dolomiten	Corvara	ja
Tour 11	Italien	Trentino-Südtirol	Trento	ja
Tour 12	Italien	Trentino-Gardasee	Trento	ja
Tour 13	Schweiz	Engadin	St. Moritz	ja
Tour 14	Schweiz	Engadin & Graubünden	St. Moritz	ja
Tour 15	Schweiz	Wallis & Berner Oberland	Brig oder Leuk	ja
Tour 16	Schweiz	Wallis	Brig oder Leuk	ja
Tour 17	Frankreich	Wallis & Haute-Savoie	Chamonix	ja
Tour 18	Frankreich	Haute-Savoie & Mont-Blanc-Region	Chamonix	ja
Tour 19	Frankreich	Seealpen Nordteil	Briançon	ja
Tour 20	Frankreich	Seealpen & Haute-Provence	Briançon	ja

5 LÄNDER – 12 STÜTZPUNKTE

TOURENBESCHREIBUNG	LÄNGE	SCHWIERIGKEIT
Die Allgäuer Alpen und den Bregenzer Wald abseits des Verkehrs erkunden	210 km	leicht
Die Deutsche Alpenstraße – der Klassiker aller Ferienstraßen (Westteil)	185 km	leicht
Typisch Bayern im Tölzer Land sowie eine weitere Prise »Deutsche Alpenstraße«	205 km	leicht
Vom Tegernseer Tal ins Berchtesgadener Land und dem Rossfeld als Krönung der »Deutschen Alpenstraße«	185 km	leicht bis mittel
Über Arlberg- und Flexenpass zur grandiosen Silvretta-Runde	215 km	mittel
Die legendäre Brenner-Timmelsjoch-Runde mit Jaufenpass und Kühtai	245 km	mittel bis leicht anspruchsvoll
Bikers Heaven – die Großglockner-Hochalpenstraße in Kombi mit dem Felbertauern	205 km	mittel
Osttiroler Highlights mit Virgen- und Defereggental sowie dem Staller Sattel als Tor zu den Dolomiten	215 km	leicht bis mittel
Der Dolomiten-Achter Teil 1	200 km	mittel bis leicht anspruchsvoll
Der Dolomiten-Achter Teil 2	190 km	leicht anspruchsvoll
Die Südtiroler Highlights rund um das gewaltige Eisacktal	230 km	leicht
Hoch hinaus im Trentino und eine Stippvisite am Gardasee	235 km	leicht bis mittel
Das Engadin als Dach der Alpen und Bikers schwerste Prüfung	200 km	anspruchsvoll alternativ: mittel
Engadiner Kontrastprogramm von Albula bis Maloja	185 km	mittel
Der Osten des Wallis mit Grimsel, Furka und Berner Oberland	230 km	leicht bis mittel
Das Herz des Wallis und seine schönsten Sackgassen	230 km	leicht
Frankreichs Haute-Savoie mit Blick auf den Genfer See	245 km	leicht
Einmal rund um den Mont Blanc und Besuch bei den berühmtesten Hunden der Welt	235 km	mittel
Die »Route des Grandes Alpes« (Teil 1) und der Norden der Seealpen	230 km	mittel bis anspruchsvoll
Das Herz der Haute-Provence auf der »Route des Grandes Alpes« (Teil 2) erfahren	210 km	mittel

REGISTER

Abondance 117
Achenpass 27
Agordo 72
Airolo 105
Albulapass 89, 94
Alleghe 72
Allgäu 8
Alta Badia 70
Alte Brennerstraße 44
Alto Adige 77
Alvaneu 95
Andermatt 103
Antholz 59
Antholzer See 59
Aosta 121
Aostatal 120
Arlbergpass 38
Arolla 109
Axams 44

Bad Hindelang 8
Bad Tölz 22, 27
Bad Wiessee 27
Balderschwang 9
Barcelonette 136
Bardonecchia 131
Bayrischzell 31,
Beindlkar 53
Benediktbeuern 23
Berchtesgaden 33
Berchtesgadener Alpenpark 35
Berchtesgadener Land 10, 30
Bergün 94
Bern, Dietrich von 67
Berner Oberland 100, 103
Bernhard von Aosta 121, 123
Bernhardiner 123
Bernina-Express 97
Bernina-Gruppe 91
Bezau 9
Bielerhöhe 38
Biken in der Schweiz 138
Biken in Frankreich 139
Biken in Italien 139
Biken in Österreich 138
Birnbaum 61
Bizau 9
Bludenz 38
Bodensee 14
Bormio 89, 91
Bourg-St-Pierre 123
Bozen 66
Brandnertal 39
Bregenzer Ache 9
Bregenzer Wald 9
Brenner 44, 76

Brentonico 83
Briançon 128, 134
Brig 100, 101, 108
Brixen 67

Café Kotz 31
Campolongo 73
Canazei 65, 73
Caprile 72
Carbonare 83
Carvara 64
Cassanapass 88
Castellano 83
Castelrotto 67
Cavalese 77
Cavareno 79
Celerina 88
Chamonix 114, 117, 120, 125
Château-Ville-Vieille 134
Chiemgau 32
Chur 97
Cime de la Bonette 135
Civezzano 77, 82
Col d'Iseran 90
Col d'Izoard 134
Col de Cayolle 135
Col de Champex 125
Col de Croix de Fer 131
Col de l'Echelle 131
Col de l'Encrenaz 117
Col de l'Iseran 135
Col de la Bonette 134, 135, 136
Col de la Forclaz 114, 120, 125
Col de la Ramaz 117
Col de la Savolière 117
Col de Montets 114
Col de Restefond 135
Col de Télégraphe 130
Col de Vars 134
Col du Corbier 117
Col du Galibier 129
Col du Glandon 131
Col du Lautaret 129
Col du Petit Saint-Bernard 121
Colle San Carlo 122
Cortina d'Ampezzo 66, 70
Corvara 67, 70
Courmayeur 120, 122
Crans-Montana 108

Davos 95
Defereggental 59
Deutsche Alpenstraße 14, 16, 19, 22, 30, 35
Disentis 101

Dolomiten 60, 64, 128
Dornbirn 9
Drautal 61

Edelweißspitze 54
Einbaum aus dem Obersee 59
Eisacktal 76
Elbigenalp 9
Elendboden 53
Engadin 88, 94
Engadiner Seenplatte 88
Engtal 26
Erdpyramiden 109
Ettal 19
Euseigne 109

Falzarego 70
Falzaregopass 66
Fassatal 65
Felbertauernstraße 51, 55, 58
Fiesch 100
Flexenpass 38
Flüela-Hospiz 96
Flüelapass 89, 94, 95
Forcola di Livigno 91
Fort du Télégraphe 130
Fourneaux 131
Franz-Josephs-Höhe 52
Friedrich I. 123
Furka-Oberalp-Zahnradbahn 100
Furka-Passstraße 100
Füssen 16

Gadmental 103
Galtür 40
Gangofer, Ludwig 26
Gap 137
Gardasee 76, 82, 83, 84
Garmisch-Partenkirchen 19
Geierwally 9
General Suvorovs 104
Genf 115
Genfer See 114, 115, 129
Georg Hollwegers »Schnauferl-Museum« 32
Gepatsch-Stausee 41
Gletsch 100
Grandes Rousses 129
Gran-Paradiso-Nationalpark 120
Graubünden 94
Greiter, Franz 40
Grimentz 111
Grimsel-Hospiz 103

Grimselpass 102
Grödnerjoch 64
Große Dolomitenstraße 66
Großer Ahornboden 27
Großer St. Bernhard Pass 116, 121, 122, 124
Großglockner 52
Großglockner Hochalpenstraße 50
Großkirchheim 50
Gschnitz 45

Habratshofen 16
Hagengebirge 35
Hägerau 9
Haldensee 9
Hausham 30
Haute-Provence 134, 135
Haut-Savoie 114
Heiligenblut 52
Heinrich der IV. 45
Heinrich IV. 123
Heinrich VI. 123
Herzog Albrecht III. 22
Hindenburg, Paul von 26
Hinterbichl 58
Hinterriß 27
Hintersee 32
Hittisau 9
Hochtannbergpass 9, 38
Hohen Tauern 50, 55
Hohenschwangau 17
Hörbranz 14
Huben 58

Ibsen, Henrik 45
Immenstadt 16
Imst 38, 44
Inn 44
Innertkirchen 103
Innsbruck 44
Inntal 31
Isar 22
Iselsberg 50
Isera 83

Jachenau 25
Jaufenpass 45
Jausiers 135, 135

Kafka, Franz 76
Kaiserin Sisi 76
Kaiserjägerstraße 82
Kaisers 9
Kals am Großglockner 55
Kalser Glocknerstraße 55

Karerpass 65
Karersee 66
Karl der Große 23, 45, 123
Kartitsch 61
Kartitschsattel 61
Karwendel 26
Käse & Gourmetfest 15
Käsestraße 10
Kaunertaler Gletscherstraße 41
Kesselbergstraße 24
Kochel am See 24
Kochelsee 24
König Ludwig II. 17
Königsschlösser 18
Königssee 33
Kössen 31
Kötschach-Mauthen 61
Kühtai 44
Kühtai Sattel 44

La Corbière 131
La Punt – Chamues 94
La Thuile 121, 122
La Villa 70
Lac de Moiry 110
Lac de Serre-Ponçon 134, 137
Lac des Dix 109, 110
Lago d'Idro 85
Lago di Anterselva 60
Lago di Caldaro 79
Lago di Caldonazzo 82
Lago di Garda 82
Lago di Ledro 84
Lago di Levico 82
Lago di Livigno 91
Lago di Molveno 79
Lago di Santa Giustina 79
Landeck 38, 41
Lausanne 115
Le Monetier-les-Bains 129
Lechtal 9
Lech-Zürs 38
Lehar, Franz 45
Lenggries 26
Lesachtal 61
Leuk 100, 108
Leukerbad 108
Levico Terme 82
Lienz 50, 55, 58, 60
Lienzer Dolomiten 60
Lindau 11, 14
Lindenberg 14
Livigno 91
Lombardei 90
Lucknerhaus 55
Lünersee 39

142

Lünerseealpe 39

Magland 117
Maloja 97
Malojapass 97
Mann, Thomas 95
Marmolada-Gletscher 73
Martigny 115, 125
Matrei 44
Menton 129
Meran 76
Meribel 117
Mezzolombardo 79
Mieussy 117
Mittersill 55
Molina di Ledro 85
Mollens 109
Mont Blanc 114, 120, 122, 129
Montafon 39
Mont-Blanc-Tunnel 120
Monte Baldo 83
Monte Baldo Höhenstraße 83
Montreux 115
Moore, Roger 71
Morgex 122
Morgins 116
Mörtschach 50
Morzine 117
Muttersbergbahn 39

Napoleon Bonaparte 91, 123
Napoleon III. 136
Nationalpark Hohe Tauern 53
Naturpark Monte Corno 77
Navis 45
Nepal Österreichs 58
Nesselwang 16
Nesselwängle 9
Neuschwanstein 17
Nigerpass 66
Niven, David 71
Nizza 129, 136
Nova Ponente 79
Nufenen 105
Nussdorf 50

Oberaudorf 31
Oberengadiner Seenplatte 97
Oberes Sudelfeld 31
Oberjoch 8
Oberjochpass 8
Obermaiselstein 11
Obersalzberg 35
Obersee 9
Oberstaufen 16

Oberstdorf 11
Obertilliach 61
Oetz 47
Ofenpass 89
Ortisei 67
Ospizio Bernina 91
Osttirol 50, 59
Osttiroler Dolomiten 59
Ötztaler Gletscherstraße 47

Panduren-Hauptmann Trenk 22
Parc National du Mercantour 135
Pass dal Fuorn 89
Passeier Tal 46
Passo d'Oclini 78
Passo del Bernina 91
Passo del Sommo 83
Passo dell'Erbe 67
Passo della Mendola 79
Passo di Costalunga 65
Passo di Fedaia 71, 72
Passo di Foscagno 91
Passo di Lavazé 77
Passo di Stelvio 89
Passo di Valparola 70
Passo die Falzrego 71
Passo Duran 72
Passo Giau 71
Passo Pordoi 73
Passo Staulanza 72
Passo Stelvio 90
Passy 117
Pasterze 52
Paznauntal 40
Pergine Valsugana 82
Pfitscher Tal 45
Piemont 123
Pieve di Bono 85
Pitzztal 41
Piz Buin 39, 40
Piz Gralba 65
Plansee 19
Plateau von Rettenschöss 31
Pocol 71
Pontresina 97
Pordoijoch 66
Prägraten 58
Pré-Saint-Didier 121
Pustertal 59, 60
Pustertaler Höhenstraße 60

Ramsau 33
Ratschings-Tal 45
Refuge Napoleon 134
Reichsbank-Goldreserven 25

Reit im Winkl 31
Rettenbachferner 47
Rettenberg 16
Rhätische Bahn 97
Rhône 115
Rhônetal 125
Ridnaun-Tal 45
Riedbergpass 9, 10
Rilke, Rainer Maria 76, 110
Riva del Garda 83
Ronzone 79
Rosengarten 66
Rossfeld-Panoramastraße 10, 35
Röthenbach 15
Rottach-Egern 30
Rouchers de la Grande Puré 129
Route des Grandes Alpes 129, 134
Route Imperiale 136
Rovereto 83
Ruhpolding 31
Ruine »Schwanstein« 17

Saas-Fee 111
Saint-Etienne-de-Cuines 131
Saint-Jean-d'Aulps 117
Saint-Julien-Mont-Denis 131
Saint-Maurice 116
Saint-Saverin 109
Salzachtal 35, 55
Salzstraße 22
Samedan 88, 94
San Candido 60
San Cassiano 70
San Giustina 79
San Lorenzo 79
San Martino in Badia 67
San Nicolo 79
Sanct-Zacharias-Heilquelle 45
Sanitätsrat 14
Sankt Leonhard im Passeier 46
Sankt Lorenzen 61
Schattwald 8
Scheffel, Victor von 24
Scheidegg 14
Schesaplana 39
Schliersee 30
Schloss Linderhof 19
Schloss Prösels 67
Schmirn 45
Schneizlreuth 32
Schroth, Johannes 16
Schweinshax'n 25
Seealpen 128
Seegatterl 31

Sella-Gruppe 65
Sellajoch 65
Sellers, Peter 71
Sellraintal 44
Selva di Cadore 72
Sigishofen 11
Silvaplana 97
Silvenstein-Speicher 26
Silvretta Hochalpenstraße 38
Silvretta-Biehlerhöhe 39
Silzer Satterl 44
Sion 109
Sonthofen 8
Spitzingsattel 31
Spitzingsee 31
St. Bartholomä 34
St. Michel-de-Maurienne 131
St. Moritz 88, 91, 94, 97
St.-Gotthard-Pass 103
Staller Sattel 59
Starnberger See 17
Sterzing 45
Stiefenhofen 16
Stilfser Joch 88, 89, 90, 94
Stilfser Joch Nationalpark 89
Storo 85
Strada dell'Alpini 82
Strada Panoramica del Monte Baldo 83
Strauß, Richard 45
Stubaital 45
Sturmannshöhle 11
Susch 97
Sustenpass 103

Taninges 117
Tannheim 8
Tatzelwurm 31, 34
Tegernsee 30
Tegernseer Tal 27
Thoma, Ludwig 26
Thonon-les-Bains 129
Thusis 94
Tiefenbachgletscher 47
Tiefenberg 11
Tiefencastel 95
Tierser Tal 66
Timmelsjoch 45, 46
Tione di Trento 85
Tirano 97
Tirol 38
Tölzer Land 22
Tour de France 129
Touring Club de France 129
Tremola 104
Trentino 82

Trentino-Südtirol 79
Trento 76, 79, 85
Tueno 79
Tunnel du Fréjus 131

Ulrichen 100
Umbrailpass 89
Unterengadin 95
Unterpinswang 19
Utzschneider, Joseph von 24

Val d'Anniviers 110, 111
Val d'Hérémence 109
Val di Ega 66
Val di Fiemme 77
Val Müstair 89
Valdaora 60
Valdidentro 91
Valloire 130
Vals 45
Vauban 128
Veltillina 89
Verossaz 116, 117
Vevey 115
Veyras 109
Vezzano 79
Villabass 60
Vinschgau 76, 89
Virgen 58
Virgental 58
Vissoie 111
Vorarlberg 38
Vorderriß 27

Waakirchen 27
Wagner, Richard 17
Waidach 61
Walchensee 25
Walchsee 31
Wallis 100, 108, 123
Walserdorf 39
Warth 38, 39
Watzmann 32, 35
Weißenbach 9
Wertach 16
Wetterspitze 9
Würzjoch 67

Zell am See 55
Zermatt 111
Zernez 89, 97
Zinal 110
Zinal-Hochtalstraße 111
Zuoz 88
Zweig, Stefan 76
Zweiter Weltkrieg 25
Zwergenkönig Laurin 66
Zwieselstein 47

IMPRESSUM

Unser komplettes Programm:
www.bruckmann.de

Produktmanagement:
Claudia Hohdorf
Lektorat/Bildredaktion:
Martin Distler, München
Layout: Elke Mader, München
Repro: Cromika sas, Verona
Kartografie: Kartographie Huber, München
Herstellung: Thomas Fischer
Printed in Italy by Printer Trento S.r.l.

Alle Angaben des Werkes wurden vom Autor sorgfältig recherchiert und auf den aktuellen Stand gebracht sowie vom Verlag geprüft. Für die Richtigkeit der Angaben kann jedoch keine Haftung übernommen werden. Für Hinweise und Anregungen sind wir jederzeit dankbar. Bitte richten Sie diese an:
Bruckmann Verlag
Postfach 40 02 09
80702 München
E-Mail: lektorat@verlagshaus.de

Bildnachweis:
Alle Fotos auf dem Umschlag und im Innenteil von Heinz E. Studt mit folgender Ausnahme:
S. 123 unten Chamonix Tourismus.
Umschlagvorderseite: Blick auf die Hohentauern bei Heiligenblut
Umschlagrückseite: Der Forggensee vor den Toren Füssens.

Die Deutsche Nationalbibliothek verzeichnet diese Publikation in der Deutschen Nationalbibliografie; detaillierte bibliografische Daten sind im Internet über http://dnb.d-nb.de abrufbar.

2010 © Bruckmann Verlag GmbH
ISBN 978-3-7654-5357-1